AF367926

LE
MARÉCHAL D'EMPIRE

ET

SES DEUX AIDES-DE-CAMP.

Pour paraître incessamment :

L'ENFANT

DE LA BÉRÉSINA.

Paris, imprimerie de Poussielgue, rue du Croissant, 12.

LE
MARÉCHAL D'EMPIRE

ET

SES DEUX AIDES-DE-CAMP.

Par A. Gougeard,

AUTEUR DE LA VIE D'UN SOLDAT.

TOME QUATRIÈME.

PARIS,

<table>
<tr><td>LECOINTE ET POUGIN, QUAI DES AUGUSTINS;</td><td>MASSON ET YONNET, RUE HAUTEFEUILLE;</td></tr>
<tr><td>OLIVIER, RUE SAINT-ANDRÉ-DES-ARTS;</td><td>PIGOREAU, PLACE SAINT-GERMAIN-</td></tr>
<tr><td>CORBET, QUAI DES AUGUSTINS;</td><td>L'AUXERROIS;</td></tr>
</table>

1833.

LE MARÉCHAL

D'EMPIRE.

La Suite.

Le duc et le capitaine Evrard, restés seuls, engagèrent les dames à prendre quelques instants de repos, dont elles devaient avoir le plus grand besoin, et elles suivirent leurs avis. Elles pouvaient le faire avec d'autant plus de sécurité que tout le monde était sur pied dans l'hôtel et que le domestique, composé en entier d'anciens serviteurs tous dé-voués au maréchal, exerçaient maintenant une surveillance active au dedans et au dehors de l'hôtel. L'intendant, vieux sous-officier de l'ancienne garde, que le duc s'était attaché par ses bienfaits, venait de les mettre tous sur un pied militaire pour ôter à l'ennemi la possibilité de renouveler de pareilles surprises.

Quand le duc vit qu'il pouvait se présenter chez le roi, il s'y rendit aussitôt, et M. Evrard de son côté fut trouver son ancien frère d'armes, auquel il fit part des événements de la nuit. Mais quand il en fut aux différentes conjectures qu'on avait faites sur la tentative d'enlèvement que le courage d'Edouard avait fait échouer, Sennal partageant les soupçons du jeune homme tira le cordon de sa sonnette avec précipitation, et demanda sur-le-champ son valet de chambre, qui contre son ordinaire n'avait point encore paru pour lui

demander ses ordres. Sur la réponse
qu'on lui fit qu'on ne le trouvait nulle
part et qu'il s'était la veille absenté
de l'hôtel, il s'écria : — Edouard
avait raison ! c'est le scélérat qu'il
soupçonne qui a fait le coup, et c'est
le misérable qu'on cherche ici vainement qui aura couru le prévenir
de votre arrivée. Je devine maintenant pourquoi il a placé ce traître
chez moi, en me le recommandant
comme un modèle de fidélité : c'é-
tait, m'avait-il dit, un digne servi-
teur qui l'avait accompagné dans
tous ses voyages, et c'est lui qui
aura couru l'avertir de tout ce qui
se passait ici. Peut-être aura-t-il
reconnu ta femme, ou du moins
appris qu'elle retrouvait son frère
dans le duc ; cette circonstance
aura suffi pour éveiller ses soupçons.
Je ne serais pas étonné d'après cela
qu'on ne trouvât plus personne

quand on se présentera pour l'arrêter.

En effet le général avait raison, car les deux amis, qui s'étaient rendus au faubourg Saint-Honoré, où le soi-disant comte occupait un fort bel hôtel qu'il venait d'acheter tout récemment, avaient acquis la triste certitude de sa fuite. Ce fut Charles qui l'apprit du concierge, qu'il eut assez de peine à éveiller.

Cet homme, le connaissant pour le futur gendre de son maître, n'avait pas fait difficulté de lui dire tout ce qu'il savait de ce départ subit, qui l'avait lui-même fort surpris.

Edouard était entré dans l'instant même où il faisait part au jeune homme de toutes ces particularités. Ce qui frappa surtout Charles de stupeur ce fut d'apprendre que sa chère Virginie était aussi partie avec ce monstre. En pressant le concierge

de leur donner le plus d'explica-
tions possibles sur les incidents qui
avaient précédé cette fuite, ils pu-
rent rester plus convaincus que jamais que le faux comte de Dax était
l'auteur de toutes les scènes de désordre qui avaient éclaté la nuit dans
l'hôtel du maréchal. Au dire du
concierge, son maître avait paru fort
tranquille pendant toute la journée
de la veille, mais il lui avait remar-
qué beaucoup d'agitation vers le
soir, surtout après avoir causé long-
temps avec un domestique qui était
venu selon toute apparence lui faire
part de quelque mauvaise nouvelle.
Il était sorti précipitamment avec
lui, et en rentrant sur les onze heures il était accompagné de trois
hommes qui se mirent sur-le-champ
à faire des malles et à préparer la
voiture. Les chevaux y étaient restés
attelés jusqu'à trois heures du matin,

heure à laquelle le comte était rentré dans un état de désordre inexprimable, car il s'était absenté de l'hôtel une grande partie de la nuit. En rentrant il avait couru à l'appartement de sa fille, l'avait fait monter en voiture avec lui, et tout le monde était parti au grand galop des chevaux. Cet homme ajouta que selon toute apparence il ne reviendrait pas de si tôt à Paris, puisqu'il avait congédié tous ses domestiques et s'était fait accompagner, de préférence à eux, dans le voyage, par les trois hommes qui étaient venus faire tous ces préparatifs.

Le concierge n'eut pas plus tôt achevé de leur donner ces tristes détails, que les deux amis voulurent voir par eux-mêmes si tout ce qu'il leur avait dit était exact. Ils entrèrent à cet effet dans les appartements, où ils trouvèrent tout sens dessus dessous ; tous les meubles étaient ouverts, et il ne restait rien dans les armoires, les commodes et les secrétaires. Dans la chambre de Virginie il n'y avait plus que le lit. Charles fureta partout dans l'espoir d'y trouver quelque chose qui eût appartenu à son amante, mais ce fut en vain ; seulement dans le secrétaire il trouva quelques fragments de papiers sur lesquels étaient tracées de la main de Virginie quelques pensées éparses, où elle peignait le bonheur d'aimer et d'être aimée ; quelques idées exprimant tout le chagrin qu'éprouve une ame aimante d'être séparée de l'objet de ses désirs. Les lettres initiales du nom de Charles se trouvaient aussi dans quelques phrases, et témoignaient assez qu'absent comme présent il occupait sans cesse sa pensée... Hélas! qu'allait-elle devenir, maintenant qu'il paraissait qu'une séparation éternelle allait la tenir éloignée de son bien-aimé!

Il réunit avec soin les parcelles de ces précieux écrits et les mit dans son portefeuille. Puis, après avoir long-temps contemplé avec une émotion facile à comprendre cette couche déserte, où quelques heures auparavant reposait sa bien-aimée, peut-être occupée à penser à lui, il sortit le cœur oppressé avec Edouard et descendit dans le même temps qu'une troupe de gendarmes pénétrait dans la cour sous la conduite d'un officier, qui leur dit que le duc les attendait au dehors.

En arrivant aux Tuileries, le maréchal avait prié Sa Majesté de vouloir bien lui accorder un instant d'audience, pour une communication des plus importantes qui souf-

frirait du moindre retard. Le roi, qui
d'ailleurs regardait le duc comme
l'un de ses plus fidèles sujets, donna
aussitôt l'ordre de l'introduire, pensant avec raison qu'il fallait que ce
qu'il avait à lui dire fût en effet
bien urgent pour qu'il se présen-
tât de si bonne heure. Il raconta
donc à Sa Majesté tout ce qui venait
encore de se passer dans sa famille ;
comment il retrouvait tout à coup
une sœur et un neveu qu'il croyait
morts depuis bien long-temps, et
entra dans les plus petits détails
pour mieux faire connaître la scélératesse de celui qui se faisait passer
pour le comte de Dax, et qui sous ce
nom, abusant de la bonne foi de la
cour, trompait la religion du prince
dont il avait l'honneur d'être l'aide-
de-camp. Il ajouta qu'il avait toute
raison de le soupçonner d'être le
principal moteur de la nouvelle ten-

tative qu'on venait encore de faire dans la nuit même pour enlever sa sœur de son hôtel en y mettant le feu.

—Enfin, dit-il en terminant son récit, voilà, Sire, ce qui m'a fait prendre la liberté de venir vous importuner si matin, désirant avant d'agir contre ce misérable avoir vos ordres et suivre en tout les conseils que je sollicite de Votre Majesté pour me guider dans cette affaire.

Le roi fut, on le pense bien, indigné de tout ce que lui dit le maréchal, et pensa comme lui qu'il n'y avait pas un moment à perdre, pour s'emparer de ce scélérat, qui paraissait avoir réuni tous les crimes sur sa tête.

Puis ayant fait appeler un de ses secrétaires particuliers, il lui dicta différents ordres qu'il fit aussitôt partir, après les avoir signés, pour les autorités compétentes : ces ordres portaient injonction d'arrêter partout où on le trouverait le soi-disant comte de Dax.

— Maintenant, mon cher maréchal, dit Sa Majesté avec une chaleur qui prouvait tout l'intérêt qu'elle portait à cette affaire, voici pour vous l'autorisation de faire à l'instant même cerner l'hôtel de ce misérable ; ainsi ne perdez pas de temps, et faites en sorte de ne pas le manquer. Vous viendrez dans la journée me rendre compte de ce qui se sera passé : allez.

Le maréchal, après avoir pris congé du roi, s'était aussitôt rendu à l'une des casernes de gendarmerie la plus proche du château et en avait fait partir un détachement assez fort pour entourer l'hôtel ; lui-même l'y avait accompagné ; mais ne voyant ni Charles ni Edouard à l'endroit où ils avaient promis de se tenir, et présumant que, n'ayant pu résister au désir de s'assurer de la personne du comte, ils étaient entrés dans l'hôtel, il donna ordre au lieutenant de ce détachement de les envoyer lui parler.

Quand il les vit paraître, l'œil morne, l'air abattu, il n'eut pas besoin de les interroger pour deviner la vérité; cependant il se fit donner les plus petits détails sur ce qu'ils avaient su, des circonstances et de l'heure à laquelle ce scélérat était parti : ils ne lui eurent pas plus tôt dit tout ce qu'ils savaient qu'il les quitta en leur recommandant de se rendre auprès de la duchesse, afin de tranquilliser ces dames, et lui se dirigea aussitôt vers la préfecture de police, où il trouva le préfet occupé à expédier des ordres pour l'objet qui l'amenait.

Ce magistrat lui promit que tous

ses agents allaient être sur pied , et l'assura que, pour peu que quelque incident eût retenu le fugitif dans les environs de Paris , il ne tarderait pas à pouvoir lui en donner des nouvelles. De là le maréchal alla trouver le ministre de la justice, qui expédiait aussi de son côté des courriers sur toutes les routes , avec injonction aux autorités de se saisir de tout individu porteur du signalement qui suivait l'ordre d'arrestation. Il ajouta même qu'il allait employer la voie expéditive du télégraphe pour le cas assez présumable où ce brigand viendrait à quitter la France.

Un peu plus tranquille après ces différentes courses et les mesures que l'on venait de prendre , il retourna à son hôtel, où il trouva tout le monde réuni au salon occupé à raisonner sur tout ce qui se passait.

— Eh bien ! monsieur le duc, dit aussitôt le capitaine Saint-Hilaire en le voyant paraître, avez-vous de bonnes nouvelles à nous apprendre?... Croyez-vous qu'on parvienne à s'emparer de ce misérable? Nous savons maintenant à n'en pouvoir douter que c'est lui qui a fait mettre le feu cette nuit à votre hôtel, afin de pouvoir, au milieu de la confusion, enlever encore une fois madame votre sœur ; nous connaissons la personne qui l'a instruit de tout ce qui se passait ici... C'est le valet de chambre de Sennal, le domestique que ce damné coquin lui avait donné comme la perle des honnêtes gens, et qu'il n'avait introduit dans la maison que pour lui servir d'espion et le mettre au courant de tout ce qui s'y passait. Mais le voilà malheureusement sauvé ! où aller le chercher maintenant?...

—Oh! soyez tranquille, monsieur, répondit le maréchal; je doute fort qu'il puisse échapper à toutes les précautions qu'on a prises. D'abord des courriers sont partis et partent à chaque instant pour tous les points du royaume; les agents de la police sont en campagne, et le télégraphe a *déjà porté* aux extrémités de la France, et dans tous les ports de mer, l'ordre de l'arrêter partout où on le trouvera. Son signalement est envoyé de tous les côtés; ainsi il faudrait que l'enfer le protégeât bien s'il échappait à des recherches si bien combinées.

— Mais, observa le capitaine Evrard, si pendant qu'on va le chercher si loin il était allé se cacher au contraire dans les environs de Paris.

— Bah! quelle idée!

— Voilà ce qui me le fait penser. Ces événements se sont trop vivement succédés pour qu'il ait pu se trouver si tôt prêt à passer à l'étranger. Remarquez qu'il a dû être plus que surpris de voir inopinément arriver ici sa victime, lui qui la croyait morte depuis si long-temps, comme l'assurance avec laquelle il a joué son rôle ici, à la cour et partout ailleurs, doit nous le faire présumer. D'après cette idée, je tiens à mon dire, et je continue de penser qu'ayant eu trop peu de temps à lui pour préparer convenablement ses moyens de fuite, il n'aura pas été si fou que de s'exposer à quitter la France sans être complètement en mesure de le faire avec toute sécurité.

— Je suis entièrement de l'avis du capitaine, dit Charles, qui, assis dans un coin du salon, paraissait absorbé dans ses pensées, et qui pourtant prêtait une oreille attentive à tout ce qui se disait. Je partage tellement cette opinion que je ne serais pas surpris qu'il fût à l'heure qu'il est à sa terre des environs de Compiègne. Je me le persuade si bien que je cours l'y chercher. Qui sait d'ailleurs s'il n'y aura pas déposé sa fille pour pouvoir être plus libre de venir ici en secret reconnaître nos dispositions contre lui. Si j'avais le bonheur de l'y surprendre et de pouvoir lui ravir cette infortunée, pour la rendre sa mère !

Quoiqu'il ne fût guère probable que ce scélérat eût eu l'imprudence de se rendre dans un endroit où il devait penser qu'on irait aussitôt le chercher, on approuva cependant la résolution du jeune homme. Son père était d'ailleurs si fort affecté du chagrin qu'il lui voyait qu'il consentit volontiers à ce qu'il suivît son idée, dans l'espoir que le mouvement qu'il allait se donner ferait une utile diversion à ses peines, et, comme Edouard avait parlé de l'accompagner, il ne vit aucun inconvénient à lui permettre ce voyage. Leurs préparatifs furent bientôt faits, et ils ne tardèrent pas à se mettre en route.

Le maréchal pendant leur absence ne resta pas dans l'inaction; il fit tout pour découvrir la route qu'il avait pu prendre en sortant de Paris; mais ce fut en vain; il ne put rien obtenir de satisfaisant. Il retourna à l'hôtel du faubourg Saint-Honoré, questionna de nouveau le concierge; celui-ci ne pût que lui répéter ce qu'il avait déjà dit aux deux amis. Alors il lui vint tout à coup dans l'esprit que son banquier pourrait fort bien mieux qu'aucune autre personne lui donner au moins des indices qui serviraient à le mettre sur ses traces. Il se rendit donc aussitôt chez M. B***, homme qui jouissait d'une très-grande considération dans la capitale , et qui la méritait à tous égards et particulièrement sous le rapport de la probité. Le maréchal, avant que de lui faire aucune question sur le comte de Dax, ou du moins sur celui qui passait pour tel, commença par lui conter tout ce qui s'était passé entre sa sœur et ce misérable; il déroula sous les yeux du négociant toujours plus étonné la chaîne des crimes de ce scélérat.

— L'exécrable coquin! s'écria M. B***, saisi d'effroi au récit de tant d'horreurs; qui l'aurait pu croire capable de pareilles monstruosités? Ah ! bon Dieu , mais alors je ne suis plus surpris de l'air extraordinaire qu'il avait l'autre soir quand il vint me trouver..... Il me donna pour raison qu'une affaire d'honneur qu'il avait eue le forçait à s'expatrier , du moins pour quelque temps , et qu'il n'avait pas un moment à perdre : il me passa la vente de tous ses biens afin , dit-il , de les sauver et de les conserver à sa fille. Je lui donnai une somme assez forte en or et du papier sur différentes banques étrangères , mais particulièrement sur l'Espagne , et je ne serais même pas surpris que ce fût vers ce royaume qu'il dirigeât ses pas ; ce qui me porte à le croire , c'est qu'il possède dans les Pyrénées un château qui a long-temps appartenu à la famille des comtes de Dax. Cette propriété n'avait point été vendue , parce que , pendant la révolution , le gouvernement s'en était emparé et en avait fait un château fort ; le roi , trompé comme bien d'autres , et le prenant

pour le véritable héritier de cette
famille lui avait, à sa rentrée, rendu cette propriété. Son voisinage
de l'Espagne, sa position dans un
pays montagneux, où il est si facile
de se cacher, auront dû lui paraître
un endroit plus propre qu'aucun
autre pour se soustraire aux recherches de la justice. — Ah !
monsieur le duc, faites en sorte,
je vous prie, de me débarrasser le
plus tôt possible de toute espèce de
relation avec un pareil brigand ;
cela devra vous être facile, maintenant que vous connaissez le véritable comte de Dax, et que d'ailleurs madame votre sœur vit encore. Je vous dirai également que
toutes les sommes que je lui ai re-
mises sont à peu près couvertes par
celles que j'avais déjà entre les
mains, et que ces biens par consé-
quent restent intacts ; et comme j'ai

eu l'honneur de vous le dire d'abord, le colonel Edouard, comme véritable héritier du comte de Dax, a droit d'être envoyé en possession de tous les biens de son père.

Pendant ce temps nos deux amis avaient fait leur voyage et en étaient revenus, mais leurs démarches avaient été infructueuses ; ils n'avaient trouvé à la terre de Compiègne que le régisseur, qui n'avait point entendu parler de son maître depuis fort long-temps. Ayant voulu, malgré l'air de franchise et de sincérité de cet homme, s'assurer qu'il ne leur imposait pas, ils visitèrent le château de fond en comble, firent des perquisitions dans tous les environs, et rien ne leur ayant donné à penser qu'il y fût venu, ils reprirent tristement le chemin de Paris.

Charles était au désespoir; son accablement augmentait chaque jour d'avantage, et l'on craignait beaucoup qu'il ne tombât malade. Toujours seul, toujours pensif, il ne sortait plus de sa chambre et semblait même devenir sourd à la voix de l'amitié. Edouard, son ami, son compagnon d'enfance, partageait bien sincèrement ses peines, et il eût été difficile de dire lequel des deux était le plus affecté ; d'ailleurs, inquiet lui-même de sa sœur, sur le sort de laquelle il n'était pas du tout tranquille d'après tout ce qui s'était passé, il était aussi dévoré d'une mélancolie qui le rendait aussi peu sensible que son ami aux tendres soins qu'on lui prodiguait pour adoucir sa tristesse : tout lui devenait à charge comme à lui ; il ne se trouvait bien que dans la solitude.

Caroline elle - même e as chère

Caroline, né pouvait parvenir à le distraire; ou si pour un moment il oubliait près d'elle ses chagrins, c'était pour retomber dans un accablement encore plus grand que celui qu'elle avait réussi à dissiper. Caroline, déjà si affectée de la perte de son amie, l'était alors doublement de la position de son cher Edouard; elle ne vivait plus, autant dire, que pour pleurer.

Il n'y avait pas jusqu'à la jolie Atala qui avait aussi perdu toute sa gaieté. Ces deux jeunes personnes, devenues amies inséparables, ne se quittaient plus; on les trouvait continuellement ensemble, occupées à se conter leurs chagrins.

Les deux familles étaient donc dans la plus grande désolation; elles tremblaient sur le sort de la malheureuse Virginie, et ce n'était peut-être pas sans raison. N'était-il pas à craindre en effet que le scélérat, entre les mains duquel elle était, ne fît retomber sur sa tête les vengeances qu'il s'était proposé d'exercer sur sa mère ; car n'ayant plus les mêmes raisons de la ménager qu'autrefois, maintenant qu'il se trouvait complètement démasqué il n'était pas hors de raison de le supposer capable de se porter aux derniers excès contre cette infortunée, si surtout il perdait tout à fait l'espoir d'échapper au glaive de la justice.

La position de madame Evrard surtout était affreuse ; retrouver une fille, dont elle se croyait à jamais séparée, dont elle ignorait encore peu de jours auparavant l'existence, et la perdre de nouveau au moment où elle avait l'espoir de la presser sur son sein maternel, était un coup terrible pour un cœur aussi sensible, et cependant il lui fallait concentrer ses chagrins, du moins devant son fils et son neveu, dans la crainte d'augmenter encore leurs peines et de les voir succomber à leur douleur; elles se trouvait dans une position vraiment désespérante.

M. de Saint-Hilaire ne savait que devenir, tant il était désolé de tout ce qui se passait autour de lui : il se creusait la tête à chercher un moyen qui pût apporter un peu de diversion au chagrin qu'il voyait empreint sur toutes les physionomies. Il crut enfin l'avoir trouvé en proposant d'aller passer quelque temps à la campagne : en conséquence il invita tout le monde à le suivre à sa terre, en donnant pour raison que les différentes distractions qu'on pourrait s'y procurer, surtout dans la belle saison, apporteraient immanquablement un changement favorable à la position de

Charles. On goûta son avis, et le duc, qui d'ailleurs depuis long-temps désirait voir la ferme où sa femme avait passé tant d'années loin de lui, accepta avec plaisir la proposition du capitaine. Une fois qu'on eut décidé ce voyage, on ne tarda pas à l'effectuer.

Aussitôt que l'arrivée de la famille de Saint-Hilaire fut connue dans le pays, ce furent des visites à n'en plus finir; et ce dernier événement, la rencontre que venait de faire le colonel Edouard de sa famille, fut pour tous les visiteurs une occasion de dire les choses les plus édifiantes du monde sur les décrets de la Providence, touchant celles de ses créatures dont il lui plaît de mettre le courage et la résignation à l'épreuve. Les allées et venues de ce monde bruyant, bavard, mais composé d'originaux si variés, en jetant une distraction continuelle dans la maison, réalisa une partie des pré-dictions du vieux marin à l'égard de Charles; son chagrin subsistait en-core, mais il avait quelque chose de moins acerbe; il se mêlait du moins quelquefois à la conversation.

La société de la commune, de-puis qu'ils n'y étaient venus, était encore augmentée de personnes qui leur convenaient beaucoup : c'é-taient des officiers de l'ancienne ar-mée, qui, après le lienciement, étaient venus s'y fixer et y vivaient tranquillement de leur demi-solde, bien faible récompense de leurs nombreux services à la vérité, mais qu'une économie soutenue parve-nait à leur faire trouver suffisante. Ils se voyaient entre eux et passaient encore d'agréables journées en met-tant à contribution leurs plus agréa-bles souvenirs, en causant de leurs campagnes et des victoires dont leur courage avait doté leur pays, et le temps leur paraissait court à parler de choses si douces au cœur des braves!

Le capitaine Saint-Hilaire les recevait tous avec le plus grand plaisir; et voyant tout le bien que leur présence apportait dans l'humeur de nos deux jeunes gens, il était le premier à les engager à renouveler le plus souvent possible leurs visites, ou, pour mieux dire, ils les avait priés de ne pas quitter les deux jeunes gens, et de réunir tous leurs efforts pour faire, comme il le disait, une guerre assidue au au chagrin qui les rongeait; aussi n'y manquaient-ils pas; c'étaient tous les jours de nouvelles parties de plaisir, et personne pourtant ne trouvait à redire à ces réunions; car, il faut l'avouer, cette commune était

un endroit privilégié , puisqu'on
n'avait jamais vu venir s'y établir
aucun de ces lâches espions , de ces
vils délateurs , malheureusement si
communs alors en France; de ces
hommes si dangereux qui faisaient
si bien leur cour au gouvernement
en suscitant par mille odieux propos , par d'infâmes calomnies , autant de vexations que possible aux
vétérans de notre gloire. Mais quand
il se serait trouvé de ces misérables
dans cette commune , il ne leur aurait guère été possible d'exercer
leur méchanceté sur le compte de
ces braves militaires. L'ame de ces
réunions , le président de ces petites
fêtes , le maréchal enfin , était un
homme connu pour son attachement inviolable à son souverain , et
l'on savait de reste jusqu'à quel
point il était honoré de sa confiance.

Edouard avait surtout reçu une

visite qui lui avait fait un grand plaisir; c'était celle d'un vieux grenadier de la garde qu'il avait sauvé lors de la retraite de Moscou, et qui s'était trouvé être de cette commune. Rentré en France, ce brave homme avait été du nombre des *grognards* qui accompagnèrent Napoléon à l'île d'Elbe. Il avait assisté à la fameuse et trop fatale bataille de Waterloo, et avait eu le bonheur d'échapper aux balles anglaises et prussiennes; il s'était, après le licenciement de l'armée retiré dans ses foyers. Il possédait dans cette commune une maison et quelques quartiers de terre, et il avait décidé de les faire valoir pour devenir le soutien de sa vieille mère.

A son arrivée au pays, son premier soin avait été de s'informer de la famille Sennal, dont il avait fort bien retenu le nom; ayant appris que le jeune homme auquel il devait la vie était à Paris, il s'y était rendu pour avoir le plaisir de le voir. Ce dernier lui ayant demandé ce qu'il comptait faire, le vieux militaire avait répondu qu'il allait désormais cultiver son champ.

— Mais, avait repris Edouard, cela te paraîtra bien dur, mon brave; tes bras depuis long-temps ont perdu l'habitude de ce travail; ne préférerais-tu donc pas un autre emploi? ne serais-tu pas bien aise d'avoir une place?

— Quelle place voulez-vous que j'occupe, mon commandant? avait répondu le vieux grognard; il n'y aurait guère qu'une place de garde champêtre ou des eaux-et-forêts qui pût me convenir; mais mon titre de grenadier, sortant du bataillon sacré de la vieille garde n'est pas un brevet de recommandation : vous devez

le savoir. Cependant je la remplirais
tout aussi bien qu'un autre, oui !

— Je n'ai pas de peine à te croire;
aussi laisse - moi faire, avait dit
Edouard, tu auras sous peu de mes
nouvelles.

Comme il connaissait le maréchal,
dont il avait été l'aide-de-camp, et
qu'il savait jusqu'à quel point il aimait à être utile aux anciens, il s'é-
tait empressé d'aller lui parler en
faveur de son protégé, et quinze
jours après le vieux groguard était
nommé garde des eaux-et-forêts à la
résidence de C***.

Charles, lors du voyage qu'il avait
fait à la ferme de sa mère, pour
y chercher le bon Ambrosio, que
son père voulait voir, avait pendant son séjour reçu la visite de
ce digne vétéran, qui était venu le
prier, les larmes aux yeux, de vouloir
bien remercier pour lui le jeune

commandant, son ami, de la place qu'il lui avait fait obtenir, et qui le mettait à même de procurer quelques douceurs à sa mère sur ses vieux jours. Charles aussi avait voulu faire quelque chose pour le soldat de Waterloo, et à son arrivée à Paris il avait prié son père de vouloir bien s'employer pour lui faire obtenir quelque chose de mieux encore que ce qu'il avait. Un mois après cette recommandation, le vieux brave s'était trouvé nommé garde principal de la forêt. On était fort content de lui dans l'administration : sa grande activité, sa conduite toujours irréprochable lui méritaient sans cesse de nouveaux éloges. Edouard l'avait revu avec beaucoup de plaisir et l'avait engagé à le venir voir souvent.

Il y avait déjà quelques jours que les trois familles étaient arrivées, et

le capitaine Saint-Hilaire s'applaudissait intérieurement du parti qu'il
avait pris; car la tristesse générale
allait toujours diminuant, et il espérait ne la plus voir reparaître que rarement sur les physionómies : c'était
pour lui une sorte de triomphe dont
il tirait secrètement vanité. Ce n'était pas qu'on eût oublié la pauvre
Virginie; bien loin de là, on la regrettait toujours et l'on versait encore
de larmes bien amères sur son sort;
mais chacun se les cachait réciproquement, dans la crainte de raviver
chez les autres une douleur qu'il
croyait n'être plus sentie aussi vivement que par lui.

On voyait surtout avec plaisir que
Charles prenait un peu sur lui, et
que s'il conservait toujours un fond
de chagrin, au moins paraissait-il
plus sensible aux soins qu'on prenait
de le distraire. La belle Atala surtout

n'était pas la moins empressée auprès de lui ; elle était même parvenue bien des fois à le faire sourire. La gaieté de cette jeune fille ne lui était plus aussi à charge qu'aux premiers jours du fatal événement qui lui avait ravi son amante; il répondait même assez souvent à ses agaceries, et quelquefois il était le premier à la provoquer ; mais quand cela lui arrivait on voyait que le joli visage de la jeune personne s'épanouissait de plaisir, et bien aveugle eût été celui qui n'aurait pas vu qu'elle éprouvait beaucoup plus que de l'amitié pour son beau cousin, et que l'amour commençait à distiller ses poisons dans son jeune cœur.

Un jour que toute la société se trouvait réunie au salon à cause du mauvais temps, et que, contre l'ordinaire, personne d'étranger ne s'y trouvait, madame Evrard voulut

profiter de cette occasion pour commencer son histoire, qu'elle savait
que tout le monde désirait connaître. D'ailleurs, voyant avec satisfaction que depuis quelques jours son
neveu, qu'elle aimait beaucoup, était
plus calme, elle crut le moment favorable pour commencer son récit;
elle espéra qu'il trouverait des raisons de se croire moins malheureux
quand il l'entendrait dérouler une
série d'infortunes bien autrement
cruelles que celle qui était venue
éprouver la force de son âme.

Quand elle eut fait part de son
intention à la société, tout le monde
se pressa autour d'elle avec l'expression du plus vif intérêt; elle commença en ces termes.

2*

Histoire de Madame Évrard.

—Vous me permettrez de passer sous silence les premières années de ma vie; d'ailleurs vous savez tous à quelle famille j'appartiens. Vous connaissez aussi celle de mon premier mari, et n'ignorez pas comment se fit mon mariage : c'est donc à dater de cette époque que je vais commencer mon histoire.

Il est utile avant tout de vous faire connaître l'homme affreux qui a causé tous nos malheurs ; il se nomme Menesson ; il était fils de l'intendant du père du comte de **Dax**, et la chronique scandaleuse avait attribué le même honneur au vieux comte. On disait que sa mère, femme de chambre fort jolie, avait commis ce péché du temps qu'elle était au service de la comtesse, de quoi son maître s'étant aperçu l'avait mariée au plus vîte à son vieil intendant en lui donnant une forte dot, et qu'elle était accouchée peu de temps après son mariage. La comtesse, *qui se trouvait aussi enceinte* dans ce moment, étant morte en donnant le jour au jeune comte, ce fut cette femme qu'on choisit pour sa nourrice et qui les nourrit tous deux du même lait. Par la suite le vieux comte ne voulut pas qu'on *les séparât; ils furent donc élevés* ensemble et eurent les mêmes maîtres. Ils étaient à peu près du même âge; leur complexion était absolument la même; mais ce qu'il y eut de particulier, c'est que leur ressemblance en grandissant devint si parfaite, que c'était à s'y méprendre : la même taille, la même figure, le même timbre de voix, tout en eux devint si parfaitement semblable, que fort souvent on les prenait l'un pour l'autre, et qu'en les voyant ensemble et en les entendant parler des gens superstitieux auraient pu croire avoir devant les yeux un être qui avait le don de se multiplier.

Je fus moi-même tellement trompée par cette extrême ressemblance, que la première fois que ce Menesson se présenta à l'hôtel je lui sautai au cou et l'embrassai, croyant que c'était mon mari ; je crus même un instant , aux observations qu'il me faisait sur ma méprise, que c'était une plaisanterie du comte de Dax lui-même, dont l'arrivée, en me couvrant de confusion, me prouva mon erreur. Mais

quelque étonnante que fût cette ressemblance elle ne pouvait cependant s'étendre à une foule de détails
qui n'échappent pas à l'œil du cœur;
ainsi leurs yeux, quoique de la même
couleur, n'avaient pas la même expression ; ceux de mon mari l'avaient
noble et franche, ceux de son Sosie
au contraire avaient quelque chose
de faux et de préoccupé. La même
différence existait dans la voix et
dans les manières ; mais il fallait
beaucoup d'attention, et même y
être intéressé, pour la découvrir au
premier abord.

Il y avait déjà près d'un an que
nous étions mariés, et j'étais la plus
heureuse des femmes ; je voyais avec
joie se développer l'heureuse constitution de mon fils. Rien n'aurait man-
qué à mon bonheur, si les troubles
qui désolaient alors la France, et qui
augmentaient tous les jours, ne fus-

sent venus y faire diversion. Les arrestations sans nombre qui avaient lieu me faisaient trembler pour mon époux, et plusieurs fois je lui avais manifesté, en présence de ce Menesson, qui demeurait avec nous à l'hôtel, le désir de passer en Italie pour aller joindre mon frère que je savais alors malade à Rome. Luimême applaudissait à cette détermination ; mais le comte remettait toujours et paraissait avoir de la peine à quitter son pays.

—Mon cher comte, dit un soir en rentrant Menesson à mon mari, vous n'avez pas un seul moment à perdre si vous voulez éviter d'être arrêté. Je sors du club des Jacobins, car je me faufile partout, ajouta-t-il en appuyant sur ces mots ; je fais en sorte de me faire bien venir de ceux qui gouvernent maintenant, de fixer leur attention, et tout cela dans l'espoir de pouvoir vous être utile dans le cas où il viendrait à vous arriver quelque chose. J'ai appris qu'on avait l'intention de se saisir de tous les nobles qu'on accuse de conspirer pour arracher le roi de sa prison... On sait également qu'une armée se forme à Coblentz et s'apprête à marcher sur la France ; aussi tous les esprits sont-ils exaspérés au dernier point. C'est à la noblesse qu'on attribue tout cela, et on ne parle de rien moins que de les massacrer tous. Ainsi donc, si j'ai un conseil à vous donner, c'est de partir le plus tôt possible, en ayant la précaution de vous déguiser. Si même vous voulez suivre mes avis, vous sortirez de la capitale et vous vous cacherez dans les environs ; moi, pendant ce temps, je ferai tout pour me procurer des papiers sous un autre nom, et vous les porterai moi-même; avec cela vous pourrez en toute sûreté exécuter le projet qu'a formé madame d'aller trouver monsieur son frère à Rome; mais il faut bien prendre vos précautions pour ne pas vous laisser découvrir en passant la frontière, car la surveillance y est bien redoutable... Mais je réfléchis, dit-il après une pause et comme frappé d'une idée lumineuse : je connais un endroit dans la forêt de Fontainebleau où vous serez à l'abri de toute espèce de recherches; c'est une caverne qui se trouve à deux petites lieues du village de T**, du côté du midi. Je l'ai découverte dans les différentes excursions que j'ai faites dans le temps que j'ai passé chez mon oncle, le régisseur du château du baron de T**, le seigneur de cette commune; et elle convient d'autant plus que des idées superstitieuses en éloignent tout le monde, parce qu'on prétend dans le pays qu'un ermite y avait autrefois établi son domicile, qu'il y est mort et que son ame y revient. Ainsi donc vous serez on ne peut plus en sûreté; vous pourrez y arriver déguisé en paysan de ces contrées, et, pour moins fatiguer madame et la nourrice de votre enfant, vous ferez bien de vous munir d'une charrette que vous conduirez vous-même pour détruire tout soupçon : d'ailleurs, comme il ne faut pas trop se fier aux domestiques et que néanmoins il vous devient utile d'en avoir un, je vous donnerai le mien, jeune homme fort intelligent, dont j'ai éprouvé le zèle et la fidélité et auquel vous pourrez vous confier en toute assurance. Il vous sera d'une très grande utilité, surtout pour vous conduire par des chemins de traverse qui abrégeront beaucoup votre route et où vous serez moins exposés à être reconnus. Moi, comme je vous le disais tout à l'heure, je ne resterai point dans l'inaction; je m'occuperai de vous procurer les papiers qui vous sont indispensables pour pouvoir franchir avec sécurité la frontière.

Le comte donna tête baissée dans le piége que lui tendait ce scélérat, il se confondit en remerciements et suivit de point en point ses conseils. Il lui fit, avant de le quitter, une procuration générale pour administrer ses biens et même les vendre si le besoin l'exigeait. Nous partîmes le lendemain soir déguisés comme il l'avait voulu et nous voyageâmes toute la nuit, sans nous arrêter que le matin pour faire reposer notre cheval.

Le domestique de Mennesson nous fut d'un très grand secours. Sans

lui, nous aurions en effet couru ris-
que d'être reconnus grâce à notre
gaucherie sous notre déguisement
et le peu d'habitude que nous avions
des nouvelles manières qu'il nous
fallait prendre.

Nous continuâmes ainsi notre
route, et le second jour nous arrivâmes sans accident au cœur de la forêt. J'éprouvai en entrant dans la
caverne un serrement de cœur qui
me frappa des plus tristes pressen-
timents ; une voix intérieure sembla
me dire que ce devait être le théâtre
de mes plus grands malheurs. Je m'ef-
forçai cependant de cacher mon émotion pour ne pas affliger mon mari
qui, aidé de François, disposa l'intérieur de la grotte de manière à ce
que nous y fussions aussi bien que
possible.

Il y avait sept jours que nous occupions ce triste asile, quand nous

reçûmes une lettre de Menesson qui nous annonçait son arrivée pour le lendemain : il nous engageait à nous préparer à partir.

Cette nouvelle adoucit un peu mes craintes et causa la joie la plus vive à mon mari qui ne cessait d'exalter le dévouement de son ami; nous fûmes presque gais au souper pour lequel François s'était procuré du vin, dont nous avions été privés depuis notre départ de Paris; il nous en servit même au dessert une bouteille cachetée dont mon mari me força de boire plus qu'à l'ordinaire, afin, disait-il, de me donner des forces pour le lendemain. Nous fûmes immédiatement après ce repas accablés l'un et l'autre par une invincible envie de dormir que nous attribuâmes à la fatigue que nous avions éprouvée depuis huit jours, et à l'absence de tout sommeil.

Avant ~~de s'y livrer, mon~~ mari m'em-
~~brassa~~ rempli du plus doux espoir.
Hélas !, c'était son dernier baiser !

Le lendemain quand je m'éveillai
je me trouvai dans une voiture, entourée de coussins comme si j'eusse
~~été bien~~ malade.... Qu'on se figure
ma ~~surprise, moi qui ne me sentais~~
pas incommodée le moins du monde !
Je demandai, après avoir jeté les
yeux autour de moi, à François, que
je reconnus aussitôt, où étaient mon
~~mari~~, mon fils et sa nourrice.

~~— Soyez tranquille, madame, me~~
dit-il, ils sont dans une voiture qui
nous précède. Il a fallu nous séparer pour plus de sûreté... Il paraît,
ajouta-t-il, que vous avez dormi
d'un sommeil bien profond puisque
on a pu vous transporter sans que
vous vous en aperçussiez, et que
le roulement de la voiture ne ~~vous~~
a ~~pas réveillée~~....... Nous avons

déjà fait bien du chemin ; nous
avons voyagé toute la nuit, car
M. Menesson est arrivé hier soir peu
d'instans après que vous veniez de
vous endormir. Ces messieurs, après
avoir fait tout pour vous réveiller,
et ne pouvant y parvenir, vous
ont prise dans leurs bras et vous
ont placée où vous êtes. M. le comte
est alors parti devant. Il voyage sous
le nom de M. Menesson, qui s'est
fait donner une mission du gouvernement pour Aix, c'est dans cette
ville que nous nous réunirons, de
là il vous sera facile de passer à l'é-
tranger.

— Comment, répondis-je aussitôt, je ne pourrai les voir qu'à notre
arrivée à Aix ?

— Oui, madame; la prudence
exige ces précautions pour ne donner
aucun soupçon aux yeux inquisi-
teurs des hommes d'aujourd'hui,

qui craignent voir dans chaque voya-
geur un noble qui émigre. Ce rai-
sonnement, quoiqu'il ne me parût
pas très juste, car je ne voyais
pas trop la nécessité d'être ainsi iso-
lés, me calma cependant un peu;
mais ce qui acheva de me tranquilliser ce fut une lettre de mon
mari qui me confirmait avec plus de
détails ce que m'avait dit François.
Par cette lettre, qui m'avait été re-
mise à un relais, il m'engageait à
suivre exactement les instructions
données au domestique jusqu'à Aix,
où il allait m'attendre.

Je suivis ses conseils, et pendant
le cours du voyage nous ne nous ar-
rêtâmes que le temps nécessaire pour
prendre nos repas à la hâte : aussi
étais-je excédée de fatigue ; mais
l'espoir de me voir bientôt réunie
aux objets qui m'étaient si chers

me soutenait et me donnait des
forces.

Près d'arriver au dernier relais,
je trouvai une nouvelle lettre
dont le contenu m'attrista d'autant
plus que je m'étais bercée des plus
heureuses illusions; le comte m'é-
crivait qu'ayant réfléchi, il me conseillait de m'arrêter avec mon domestique au relais suivant et de m'y
reposer un jour ou deux, que lui
pendant ce temps aviserait au moyen
de tout préparer pour passer la
frontière; il pensait d'ailleurs qu'i-
solément il nous serait plus facile d'échapper à la rigide surveillance qu'on exerçait sur tous les
points pour empêcher l'émigration.
Il terminait en me priant de calmer
l'impatience que j'avais sans doute
de nous voir tous réunis. Il me disait
en même temps de lui envoyer

François dont il aurait besoin , ajoutant qu'il reviendrait ensuite me prendre pour me conduire près de lui.

Je me déterminai cependant, quoiqu'il m'en coûtât , à suivre ses avis. Je m'arrêtai à l'endroit qu'il m'avait désigné, village situé à deux petites lieues de la ville ; je me fis donner une chambre , et me couchai aussitôt afin de réparer un peu mes forces que l'excès de la fatigue avait presque épuisées ; aussi ne tardai-je pas à m'endormir ; mais j'étais convenue avec François que le lendemain, de très grand matin, il irait trouver le comte , et qu'il reviendrait me dire ce qu'il aurait enfin décidé.

La journée était très avancée quand je me réveillai , et malgré cela je la trouvai encore d'une longueur insupportable , car j'attendais le retour de mon domestique, qui n'arriva que le soir et fort tard.

Il me dit que tout le monde se portait bien, car ma première question fut, vous devez bien vous en douter, de lui demander comment allait mon fils, s'il ne se ressentait point des fatigues de la route. Ce fut par cette réponse banale, mais à laquelle je ne fis pas assez d'attention dans le moment, qu'il répondit à ma sollicitude pour des êtres aussi chers ; d'ailleurs il commença aussitôt le rapport qu'il avait à me faire.

Il m'apprit alors que le comte avait trouvé une excellente occasion pour passer à l'étranger et qu'il en avait profité : c'était un voiturier qui venait de perdre son garçon, mort d'un coup de sang, mon mari s'était arrangé pour le remplacer ; il devait passer pour lui ;

il me conseillait en conséquence de prendre le costume des villageoises de ce pays, costume dont était muni François, et de partir le lendemain sans faute avec ce domestique; je passerais ainsi la frontière, pour venir le joindre à un endroit qu'il désignait et où il nous attendrait.

Je ne pouvais pas trop bien m'expliquer la conduite de mon mari de me laisser ainsi seule séparée de mon enfant, qui devait d'ailleurs lui donner beaucoup d'embarras. Cette seconde lettre me donna donc de l'humeur contre lui et je me promis bien de le gronder; cependant je n'en suivis pas moins ce qu'il me prescrivait, et le lendemain je me mis en route, déguisée en paysanne, accompagnée de François. Nous nous dirigeâmes par des chemins de traverse vers la frontière, que nous eûmes le bonheur de passer sans être inquiétés.

Dès que nous eûmes laissé derrière nous les limites de la France, nous ralentîmes notre marche, car je n'en pouvais plus ; mes pieds étaient tout en sang, et pourtant nous avions encore trois lieues à faire ; aussi ne fut-ce que le soir fort tard que nous arrivâmes à l'auberge que le comte avait indiquée à François, et où notre arrivée ne causa aucune surprise, car nous étions attendus ; mais mon mari n'y était déjà plus et on me remit encore une lettre de lui. Il me marquait cette fois que d'après les informations qu'il avait prises, il avait appris qu'il ne devait pas se regarder comme très en sûreté aussi près de la frontière, attendu que sa disparition de la ville avait éveillé les soupçons et qu'on pourrait fort bien venir le relancer jusque dans cet endroit. Ce ne serait pas la première fois, me disait-il, qu'on en agirait de la sorte parce que le roi de Sardaigne, craignant de déplaire au gouvernement français, et d'attirer la guerre dans ses Etats, souffrait sans mot dire cette violation de son territoire ; le comte ajoutait qu'il profitait de l'occasion du voiturier avec lequel il avait passé la frontière pour s'éloigner le plus possible ; il m'engageait à me reposer et à ne partir que dans la journée du lendemain avec le maître de l'auberge, avec lequel il avait fait prix pour me conduire dans sa cariole jusqu'à la ville voisine ; que là je trouverais une bonne chaise de poste qui me servirait à l'aller joindre à Coni, où nous nous réunirions enfin pour ne plus nous quitter. Le bonheur, ou pour mieux dire

le fantôme de bonheur après lequel
je courais depuis si long-temps, semblait donc toujours me fuir !... Cependant j'ajoutais la foi la plus com-
plète à toutes ces lettres, et je
trouvais même que les raisons qu'elles contenaient étaient assez fortes
pour m'empêcher de murmurer ; je
suivis donc ponctuellement les avis
contenus dans la dernière ; nous
partîmes le lendemain avec l'auber-
giste et nous trouvâmes en effet à
l'hôtellerie où nous fûmes descendre
à Susse une voiture qui nous con-
duisit à Coni.

Je me fis descendre à l'hôtel désigné par la dernière lettre ; on me
dit que le comte était dans une
pièce qu'on m'indiqua ; j'y volai
avec empressement, oubliant tous
les maux que j'avais soufferts ; j'ou-
vre la porte et je me précipite dans
ses bras, presque sans connaissance ;

mais jugez de ma stupéfaction lorsque je reconnus que j'étais dans les bras de Menesson et non dans ceux de mon mari, je pensai d'abord que ce n'était qu'une surprise, une plaisanterie qu'il avait voulu me faire; et que j'allais voir paraître le comte, mais je fus bientôt désabusée, car le misérable fourbe me parlait et me traitait comme s'il eût été lui-même le comte de Dax.

Une telle effronterie dont je ne pouvais un seul instant être la dupe me révéla toute la conduite de ce monstre; transportée de fureur et de désespoir, je m'élançai vers lui, en lui criant : Malheureux ! qu'as-tu fait de mon époux et de mon fils.... Je ne pus en dire plus, et je tombai à ses pieds privée de sentiment.

Quand je revins à moi je me

trouvai dans un lit, et Menesson assis à mon chevet, affectant la plus vive douleur. Il s'entretenait avec un médecin qu'il avait fait appeler et auquel il avait dit que je venais d'être atteinte d'aliénation mentale à la suite de fortes émotions ; j'eus donc beau l'accuser et l'accabler de reproches, l'hypocrite feignit si bien le désespoir de me voir dans ce qu'il appelait un état de maladie si pénible que mes cris et mes larmes furent sans effet ; je tombai gravement malade à la suite de ces déplorables scènes.

Après quatre mois de combats, ma jeunesse et ma bonne constitution triomphèrent de mes souffrances, qui m'avaient conduite aux portes du tombeau ; je m'aperçus alors que j'étais enceinte, cette nouvelle grossesse, en ajoutant à la délicatesse de ma position, me donna

un surcroît de courage pour me diriger de manière à sortir des mains
de Menesson.

Ce misérable avait joué son rôle
pendant tout le temps de ma maladie avec une si grande adresse,
que personne ne doutait qu'il ne
fût bien réellement mon mari ; il
pensait peut-être aussi frapper
tellement mon esprit que je fini-
rais par accepter comme réalité
une illusion si bien conduite ; mais
je puis dire que mon cœur aurait
éclairé mes yeux s'ils avaient pu me
tromper un instant. J'étais de jour
en jour plus étonnée de son audace,
car il en était venu à me parler de
ce qu'il appelait nos affaires, comme
s'il eût réellement été le comte de Dax.
Ce fut au point qu'un jour que je le
pressais de me déclarer franchement
ce qu'étaient devenus mon enfant et
mon mari, il eut l'impudence de

me raconter, en prenant un air désolé de ce que je persistais à le méconnaître, comment au moment du départ et pendant qu'il était occupé avec Menesson à me placer dans la voiture, la nourrice et l'enfant avaient disparu; que lui et Menesson s'étant mis à leur recherche, ils avaient été tout à coup assaillis par une troupe de bandits qu'ils parvinrent à disperser; ils cherchèrent encore la nourrice, mais Menesson l'obligea à me rejoindre en lui faisant craindre de me laisser exposée à l'attaque d'une autre bande de brigands; qu'alors il revint vers moi et laissa Menesson, dont il n'avait eu depuis aucune nouvelle.

Cette histoire, qu'il me débitait avec le plus grand sang-froid, me déchirait le cœur, car je voyais au milieu de ses mensonges une vérité horrible, la mort de mon mari et celle de mon enfant ; cependant je ne pouvais admettre entièrement une supposition aussi désespérante, et je m'efforçais de penser que le misérable s'était contenté de les éloigner.

Menesson avait placé auprès de moi pendant ma maladie une jeune fille de seize ans, qui me prodigua les soins les plus empressés ; je m'attachai à elle de l'amitié la plus vive et la rendis dépositaire de mes chagrins, afin qu'elle comprît combien sa présence m'était nécessaire dans le cas où Menesson voudrait prendre avec moi des libertés dont son titre usurpé pouvait lui donner l'idée. Elisa ne me quittait donc presque jamais.

J'avais souvent écrit à mon frère à Rome, mais on pense bien que mes lettres, que j'étais obligée de confier au domestique de Menesson

pour les mettre à la poste, étaient
détournées et détruites. Lorsque je
fus bien certaine de la fidélité d'E-
lisa, je lui en confiai une qu'elle
parvint à mettre à la poste elle-
même ; l'espoir d'avoir bientôt une
réponse et peut-être même de voir
arriver mon frère à mon secours,
dissipa un peu les sombres idées qui
m'accablaient ; je ne pensai plus qu'à
mon état qui demandait les plus
grands soins ; car ma grossesse arrivait à son terme ; je faisais de temps
à autre des promenades que ma position rendait nécessaires. Je n'étais
accompagnée que par Elisa, dont
Menesson ne se méfiait pas, ayant
soin d'ailleurs de ne me laisser que
très peu d'argent, dans la crainte
que je ne préparasse une fuite qui
aurait été très difficile à effectuer
dans un pays qui m'était inconnu.

J'attendais avec impatience le mo-

ment de devenir mère, regardant
les jouissances de la maternité comme la plus douce consolation ; mais,
hélas ! je devais être accablée par la
plus affreuse déception, car je fus
privée de ma fille par l'infâme Menesson, qui, sans égard pour ma triste
situation, déroba mon enfant à mes
embrassements, en m'objectant,
l'hypocrite, que j'étais trop faible
pour nourrir, et de fait il confia ma
fille aux soins d'une nourrice qui
demeurait dans le voisinage, me
disant que je pourrais aller la voir
de temps en temps avec la bonne
Elisa.

Ce fut dans une de ces visites que
le hasard me fit rencontrer un jeune
artiste français que l'amour de son art
avait attiré dans ces contrées si fer-
tiles en points de vues pittoresques.
Dans la triste situation où je me
trouvais, la vue d'un compatriote

était pour moi une heureuse diversion ; aussi je vis avec plaisir se
présenter l'occasion de l'entretenir.

Ayant deviné la franchise de son
caractère, je n'hésitai point après notre connaissance qui s'était formée
dans chacune de mes promenades
avec Elisa pendant quelques semaines, je n'hésitai pas, dis-je, à lui faire
la confidence de ma position en lui
nommant la famille à laquelle j'appartenais et celle de mon mari. Il
se trouva précisément en connaître
quelques membres. Cette circonstance dissipa tout l'embarras que
nous éprouvions encore l'un et
l'autre ; il m'offrit sa protection et
son appui pour me reconduire auprès de mon frère, que je supposais
être à Rome ; j'acceptai ses offres avec
la plus vive reconnaissance, et nous
convînmes d'une époque très rappro-
chée ; je me proposais, comme vous

devez le croire, d'emmener ma fille
avec moi, mais je ne devais la prendre
que dans la nuit même de notre
départ.

Le lendemain du jour où nous
avions arrêté notre plan, je me
disposais à sortir comme à l'ordinaire lorsque Francois vint me si-
gnifier de la part de son maître que
j'eusse à ne me promener à l'avenir
que dans le jardin et le petit bois
qui le terminait ; cette nouvelle
m'attéra, parce que je pensai aussitôt que mes entrevues avec le jeune
Français avaient été épiées, et je
tremblai des lors que ce scélérat n'eût
formé le projet de le sacrifier à sa vengeance ; mais heureusement mes
conjectures étaient mal fondées, car
Elisa, qui pouvait sortir pour faire
des commissions, se rendit au lieu
où nous le rencontrions ordinaire-
ment ; elle l'y trouva nous attendant,

sans qu'il lui fût arrivé rien qui pût
lui donner les moindres craintes
pour sa sûreté.

Il convint avec elle des dernières conditions de notre fuite, qui
fut fixée au surlendemain à onze heures du soir: que les instants qui s'é-
coulèrent jusqu'à cette heure me parurent longs! Enfin je sortis avec
Élisa, qui avait peu à peu transporté les effets les plus indispensables à notre voyage. La voiture pré-
parée par le jeune artiste nous re-
çut à la petite porte du bois; elle
se dirigea aussitôt vers la demeure
de la nourrice; mais jugez de mon
étonnement et de ma douleur lorsqu'après avoir vainement frappé
à plusieurs reprises à la porte,
sans obtenir de réponse, un voi-
sin, éveillé par le bruit que nous
faisions, vint nous dire que la nourrice était partie depuis la veille au

soir, à peu près à la même heure.

Je n'essaierai pas de vous peindre mon désespoir; il fut tel que je voulais retourner à la maison; mais mon jeune compatriote me fit tant d'instances, en me représentant que je ne ferais qu'aggraver le péril de ma position; il me persuada si bien qu'il était beaucoup plus prudent d'aller rejoindre mon frère, dont le pouvoir me mettrait sans doute à même de faire faire les démarches les plus actives pour retrouver ma fille, que je me décidai à poursuivre ma route.

Nous avions pris des chemins de traverse pour arriver plus promptement à Gênes, où nous devions nous embarquer, et nous étions entrés dans une gorge profonde et boisée lorsque notre voiture fut tout à coup entourée par une bande d'hommes armés, qui signifièrent au postillon d'arrêter, ce qu'il fit sur-le-champ sans opposer la moindre résistance ; alors on nous commanda de descendre. Le jeune Français, qui était armé, se mit aussitôt en défense, et de deux coups de pistolet renversa deux de ces bandits ; puis, se saisissant de deux autres pistolets qui étaient placés dans la poche de la voiture, il voulut tirer de nouveau, mais ils ne partirent pas : il prit alors un couteau de chasse qu'il avait à son côté, sauta à terre et défia les plus hardis... Mais, seul contre un si grand nombre de scélérats déterminés, il devait succomber, et j'eus la douleur de le voir renversé sous le feu d'une décharge générale.

Aussitôt qu'ils le virent à terre ils s'approchèrent de lui ; et après s'être assurés qu'il était bien mort :

.—C'était un brave! dit l'un de ces brigands, qui paraissait être le chef. Quel mal il nous a donné! il est vraiment dommage que son courage ait une aussi triste fin. Puis se tournant du côté de notre postillon, qui n'était autre qu'un de leurs associés :—Comment diable as-tu donc fais ton compte, Géromio, pour ne pas t'être saisi de ses armes? Vois, la belle journée, deux de nos meilleurs sont à bas!.. Et puis pourquoi donc ce retard?... Ma foi, nous allions nous retirer.

—Capitaine, répondit ce coquin, il n'y a nullement de ma faute; d'abord pour ce retard, ce sont ces dames qui en sont cause; quant aux armes, je ne savais pas qu'il en eût sur lui; je n'ai trouvé que deux pistolets dans la voiture, et certes il n'a pas dû pouvoir s'en servir, j'en réponds bien.

Alors le chef s'avançant vers nous me dit en très bon italien de ne pas avoir peur, que leur intention n'était pas de nous faire de mal, et nous pria de descendre... La pauvre Elisa était évanouie, et moi j'étais plus morte que vive. On fut donc obligé de nous prendre et de nous mettre à terre, puis on procéda au dépouillement de la voiture. Quand ils eurent fini, le chef, après avoir parlé à ses gens, en désignant le cadavre du malheureux jeune homme ainsi que ceux de leurs camarades, sans doute pour leur recommander de les faire disparaître, ordonna de faire approcher les chevaux; il en monta un, sur lequel on me plaça en croupe derrière lui; un des hommes monta l'autre : on y plaça également Elisa, qu'on avait fait revenir de son évanouissement, et nous partîmes.

Après une heure de marche dans les sentiers les plus escarpés nous mîmes pied à terre, sur un avis que vint donner un des brigands qui marchaient en avant.

En sautant à terre la secousse que j'éprouvai fit sortir de mon sein le portrait du comte, que je portais toujours au cou, retenu par une chaîne d'or; il fut aperçu du capitaine, qui s'avança aussitôt et me demanda la permission de l'examiner. Supposant qu'il voulait me l'enlever à cause de son prix je le priai en grâce de ne pas me priver d'un portrait qui m'était si cher, ou de se contenter de la monture.

— Ne craignez rien, belle dame! me dit-il; je ne veux que contempler les traits du brave champion que nous avons eu à combattre et qui nous a donné tant de peine à vaincre, car je pense..... Il s'arrêta tout-à coup avec les marques de la plus grande surprise, car il avait le portrait entre ses mains et l'examinait. Un instant après il reprit, en m'adressant toujours la parole et sans détourner les yeux du portrait :

— Mais, madame, ce ne sont pas là, je crois, les traits du jeune homme qui vous accompagnait.

— Non, monsieur, lui répondis-je, ce sont ceux de mon mari.

— Comment, madame, de votre mari ? Vous n'êtes pas Italienne ?

— Non, monsieur, je suis Française.

Il me regarda un instant de l'air le plus étonné; puis, se tournant vers ses deux compagnons, il se mit à causer avec eux en leur montrant le portrait : — Ne jurerait-on pas, disait-il, que ce sont-là les traits de... Je n'entendis pas le nom qu'il prononça.

—C'est à s'y méprendre, disaient les autres.

— C'eût été drôle, reprit alors le chef, qu'il eût été chargé de cette mission plutôt que de celle d'aller arrêter ce noble Florentin. Il paraît que la dame voulait lui jouer un tour et qu'elle profitait de son absence pour s'enfuir avec son amant. Oh! les femmes, les femmes! ajouta-t-il avec un soupir, elles seront toujours les mêmes!... Mais à propos, reprit-il après un instant, était-il de retour quand tu es parti, Ribaldo?

— Non, capitaine : vous savez bien qu'il lui était impossible d'être encore revenu ; son expédition était trop éloignée pour cela.

— C'est vrai, c'est vrai... Puis se tournant de mon côté : — Madame, me dit-il en me présentant le médaillon, voici votre portrait.... Ces

traits ne me sont pas inconnus, ajouta-t-il, mais nous en parlerons plus
tard. Maintenant, si vous le voulez
bien, nous allons nous remettre en
route, et cette fois sans monture;
le trajet d'ailleurs que nous avons à
faire n'est pas très long, quoiqu'il
soit un peu rude : je vais vous montrer le chemin... Puis il entra dans
un sentier tortueux et si étroit
qu'une personne pouvait à peine y
passer; il était bordé de chaque
côté de rochers garnis de ronces et
d'épines, qui en se joignant for-
maient une sorte de voûte funèbre
au dessus de nos têtes. Nous l'y suivîmes, hors d'état que nous étions
de nous opposer à ses volontés. Nous
gravîmes cette montagne avec beaucoup de peine. Le chef, s'apercevant
que nous étions fatiguées, s'arrêta
pour nous laisser reposer.

Après une halte d'un quart

d'heure nous continuâmes encore à
monter pendant environ dix minutes; puis à un détour nous entrâmes dans un autre sentier, qui
cette fois allait en descendant. C'é-
tait une gorge formée par deux
montagnes, mais si rapprochées,
qu'il semblait que ce fût dans un
puits que nous descendions.

Plus nous avancions et plus il faisait sombre; car les côtés étaient
bordés de rochers à pic, et on eût
dit que la main de l'homme les
avait taillés pour établir un chemin
en pente douce aboutissant au ni-
veau d'une plaine; mais quand nous
fûmes au bout, point d'issue; les
deux rochers se réunissaient et for-
maient un angle aigu; le jour pouvait à peine pénétrer jusque-là.

Notre conducteur tira de sa poche un cornet dont il sonna à trois
reprises différentes, et aussitôt après

une masse énorme de rocher s'é-
branla en roulant sur elle-même, et
laissa voir un passage par lequel
nous entrâmes dans le souterrain.

Suite de l'Histoire de Mad. Evrard.

J'en suis restée, je crois, dit madame Evrard, au moment où nous entrions dans le souterrain. Nous suivîmes une espèce de corridor éclairé par des lampes, et arrivés au bout nous entrâmes dans une grande pièce au milieu de laquelle était une table très longue. Il s'y trouvait une femme, si toutefois on pouvait donner ce nom à un être aussi singulier : c'était un véritable spectre, dont la figure hideuse était en harmonie avec l'horreur du lieu qu'elle habitait. « Catelina, lui dit le chef, vous allez conduire ces dames dans la première chambre et vous leur servirez tout ce dont elles auront besoin ; surtout ayez-en bien soin, car, dit-il en se rapprochant d'elle et en lui parlant plus bas, je crois que ce sont des connaissances. » Un rire affreux, qui n'avait rien d'humain, fut la réponse de la vieille, qui prit une lumière et nous fit signe de la suivre.

Elle nous fit d'abord traverser une pièce, qui me parut être une salle à manger ; une table ronde en occupait le centre. De là nous passâmes dans un couloir, et à la lueur de la lumière qu'elle portait je vis plusieurs portes à droite et à gauche. Elle ouvrit la première à droite, et nous entrâmes dans une chambre assez propre ; il y avait même une sorte de recherche dans son ameublement : il était composé de deux lits et d'une table, au dessus de laquelle était une petite glace. Les murs étaient garnis d'une tapisserie

en laine, et le sol était en entier re-
couvert d'un tapis de pieds; une
lampe à deux becs pendait au pla-
fond.

Quand notre conductrice l'eut al-
lumée, elle nous demanda si nous
voulions prendre du chocolat ou
toute autre chose. Nous n'avons besoin de rien, répondis-je, impatiente
que j'étais de la voir nous quitter.
« Il ne faut pas prendre de chagrin
comme cela, continua cette vieille
harpie, en ricanant. Vous êtes ici
avec de bons enfants, allez! et qui
ne font pas de mal aux femmes; au
contraire, ils en ont le plus grand
soin. D'ailleurs, vous n'êtes pas déjà
si malheureuses; il paraît que le commandant a des considérations pour
vous; il vous place dans la chambre
d'honneur, et vous ne devez pas
avoir peur là, j'espère! A gauche
est sa chambre, à lui; et à droite

la salle où il mange avec ses lieute-
nants. Ainsi donc pas tant de sima-
grées, et dites-moi ce que vous voulez que je vous serve. — Rien, lui
répondis-je de nouveau; et s'il est
vrai que votre chef ait de la considération pour moi, la seule preuve
que j'en désire, c'est que vous nous
laissiez tranquilles.» Elle ne répliqua
pas et sortit en gromelant. Restées
seules, nous nous précipitâmes dans
les bras l'une de l'autre, ne trouvant
plus d'autre voix que nos sanglots
pour nous exprimer mutuellement
l'horreur de notre position. Nous fûmes tirées de cet état de muet désespoir par le bruit que fit notre porte
en s'ouvrant devant le chef, qui entra
suivi de Catelina, portant un pla-
teau chargé de provisions.

«N'ayez pas peur, mesdames, nous
dit-il, je viens vous inviter à prendre un peu de nourriture : vous

devez en avoir grand besoin : puis
se tournant du côté de la domestique : « Placez cela sur cette table,
Catelina, continua-t-il, et retirez-
vous, je vais moi-même avoir l'honneur de servir ces dames ; et il se
mit aussitôt à nous verser du chocolat, qu'il nous engagea à prendre,
ajoutant qu'il ne nous quitterait pas
qu'il ne nous eût vu manger. »

Alors le désir de me voir débar-
rassée de sa présence, quoiqu'il eût
des manières qui m'étonnaient beaucoup dans un homme de cette infâme profession, me détermina,
plutôt que le besoin, à prendre quelques cuillerées de chocolat, et j'en
fis également prendre à Elisa.

— Madame, me dit-il après un
instant de silence, veuillez me permettre de vous adresser quelques
questions.... Votre intention était,
je crois, de vous rendre à Rome ?

Si l'on m'a bien instruit, vous deviez y rejoindre votre époux? — Non, monsieur, lui répondis-je, c'est auprès de mon frère que je comptais me rendre. — Ah! vous avez un frère qui habite Rome!... il s'y est sans doute retiré par suite des troubles qui désolent votre patrie? — Non, monsieur, il y est établi depuis long-temps et y a même épousé la fille du duc de P**. »

Ici mon interlocuteur fit un mouvement de surprise. « Comment, madame, s'écria-t-il, votre frère serait allié à la puissante maison des ducs de P** ? — Oui, monsieur, et c'est le marquis Du Lierre que j'allais joindre, le neveu de l'ambassadeur français, ajoutai-je avec intention, espérant par là imposer à cet homme qui avait déjà montré tant de surprise au nom du duc de P**. Et l'idée me vint aussitôt

que peut-être je pourrais obtenir
ma liberté en faisant briller à ses
yeux l'espoir d'une forte récompense...—Mais comment, madame,
ajouta-t-il, votre mari ne vous ac-
compagnait-il pas dans ce voyage?
car vous m'avez dit, je crois, que le
jeune homme qui a succombé dans la
lutte que nous avons eue à soutenir
ne l'était pas; en effet le portrait que
vous portez ne lui ressemble nullement.—Hélas, lui dis-je les larmes
aux yeux, mon mari n'existe plus !
il a été lâchement assassiné par un
scélérat, à la puissance duquel m'ar-
rachait le brave jeune homme qui
est tombé sous vos coups.

Je ne sais ce que le capitaine allait me répondre; on vint le chercher dans le moment, et il nous
quitta.

Un instant après qu'il fut sorti
nous entendîmes le bruit de plu-
4*

sieurs voix dans le corridor même sur lequel donnait notre porte, On ouvrit celle qui faisait face à la nôtre, et le son de plusieurs armes que l'on déposait vint frapper nos oreilles et nous causer une nouvelle frayeur. Nous sûmes par la suite que cette chambre leur servait d'arsenal et que c'était une partie de cette bande qui revenait d'expédition.

Quand tout fut rentré dans le calme notre curiosité se trouva vivement excitée par la conversation de deux personnes, qui paraissaient parler avec feu du côté où l'on nous avait dit qu'était la chambre du capitaine... Nous nous approchâmes du mur pour écouter, et, m'étant aperçue que les sons étaient plus distincts dans l'angle, j'en dérangeai un peu la tapisserie et je reconnus parfaitement la voix du commandant; mais que devins-je en reconnaissant aussi dans celle de son interlocuteur la voix de l'infâme Menesson! Elisa en fit aussi la remarque, car elle me dit aussitôt en reculant d'effroi : Mais, madame, on dirait que monsieur est là-dedans! Je lui fis signe de se taire et surtout de bien écouter. Ce que nous entendîmes ensuite ne fit que nous convaincre encore que nous ne nous étions pas trompées. Je fus plus effrayée que surprise de reconnaître que mon misérable persécuteur faisait partie d'une bande de brigands; je m'expliquai dès lors les fréquentes absences qu'il faisait, lors même que le soin de me surveiller devait l'attacher à sa maison.

Le chef, après avoir donné quelques marques de mécontentement sur la non-réussite de l'opération dont le scélérat avait été chargé, ajouta : « Du moins nous n'avons pas entièrement perdu notre temps; et, si notre capture n'est pas riche en espèces, nous avons en compensation deux fort jolies femmes : la maîtresse surtout est, ma foi, très bien..... Mais, à propos, elle doit être de tes connaissances, ou je me trompe fort.... D'abord elle est Française, et puis elle porte au cou un portrait qui te ressemble comme deux gouttes d'eau. D'ailleurs tu pourras peut-être me dire ce qui en est. Elle allait à Rome, accompagnée d'un fort joli garçon, surtout brave comme un César, trouver son frère le marquis Du Lierre.

—Comment! repartit ce misérable avec l'accent de la plus grande surprise, mais c'est ma femme !

—Ta femme! dit le capitaine, c'est donc toi qui as assassiné son mari? car elle m'a dit qu'il était mort et qu'il était tombé sous les coups d'un assassin, en un mot que c'était pour se soustraire à ses mains qu'elle se rendait à Rome.

— N'importe ce qu'elle a pu te dire, répondit le monstre, elle est à moi.... Où est-elle?... Plus tard, ajouta-t-il, je te ferai connaître comment tout cela est arrivé.

— Pourquoi pas maintenant, reprit le capitaine, tu sais d'ailleurs qu'il ne doit pas y avoir de secret entre nous, et tu es coupable déjà de m'avoir laissé ignorer ta véritable position.

Alors Menesson lui raconta comment une méprise, produite par sa ressemblance avec le comte de Dax, mon mari, l'avait rendu épris de moi; comment favorisé par l'amitié du comte, qui lui donnait toute sa confiance, il avait fait naître ses craintes à l'occasion des événéments

de la révolution , afin de s'établir
son protecteur et son guide , ayant
eu soin de se faire consentir une
procuration générale qui l'avait mis
à même de vendre ses immenses
propriétés ; il dit comment il l'avait
décidé à se cacher dans une caverne
de la forêt de Fontainebleau avec
notre enfant ; comment il avait assassiné le comte endormi par l'effet
d'un puissant narcotique, tandis que
son valet en faisait autant à la nourrice et à mon enfant ; il ajouta qu'a-
près ce double meurtre il m'avait
placée , également endormie , dans
une voiture, sous la conduite de
François , chargé de m'expliquer
pourquoi mon mari et mon enfant
n'étaient pas avec moi. Il lui expliqua
ensuite comment, arrivés à Coni, il
s'était présenté à moi comme mon
mari, espérant me tromper par la
ressemblance ou arriver au moins à

mériter mon affection par ses soins multipliés: Car, ajouta-t-il, elle ignore le sort de son mari et de son enfant.

—Sais-tu bien, mon cher lieutenant, dit le capitaine, après que ce monstre eut cessé de parler, que tes coups d'essai sont de véritables coups de maître, mais que je suis pourtant loin de t'envier; car, tu le sais, j'évite de verser le sang autant que cela n'est pas nécessaire à ma propre sûreté, et dans ce cas on n'a rien à me reprocher, puisque je paie également du mien ; mais le lâche assassinat je l'ai en horreur! Aussi, mon cher.... Mais, à propos, comment t'appelles-tu donc, puisque tu n'es pas le comte de Dax?

— Menesson.

— Eh bien, mon cher Menesson, je te tiens pour le plus grand scélérat de nos montagnes et je t'estime comme tel.

Le ton du brigand avait en disant cela quelque chose d'ironique qui attestait tout le mépris que lui inspirait son camarade.

Vous jugez de l'impression que me fit cette conversation: elle m'éclairait entièrement sur le sort de mon malheureux époux, car bien que la scélératesse de Menesson me portât à tout présumer, cependant le besoin qu'on éprouve dans les plus grandes douleurs de nourrir encore quelques illusions m'avait quelquefois fait douter d'un excès aussi monstrueux. Je venais donc d'acquérir une désespérante conviction; j'oublais tous les dangers que je courais au milieu d'une troupe de brigands pour ne plus ressentir que l'horreur dont venait de me frapper l'affreuse révélation de ce monstre; aussi, quand je le vis entrer avec le capitaine dans la chambre que nous occupions, me jetai-je aux pieds de ce dernier en le suppliant de me sé-parer d'un pareil scélérat, acceptant avec résignation les conditions qu'il jugerait convenable de m'imposer.

Sans doute que ma douleur fut éloquente, car je vis cet homme s'efforcer de contenir son émotion, en m'obligeant à me relever avec un ton et des manières qui décelaient chez lui d'autres habitudes et une autre éducation que celles que comportaient son état.

— Rassurez-vous, madame, me dit-il, vous ne resterez point au pouvoir de cet homme. Et comme Menesson paraissait vouloir faire quelques observations, je lui appris dans les termes les plus énergiques que, d'après la révélation que le hasard m'avait fait entendre, je préférerais mille fois la mort à l'horreur de conserver avec lui le moindre rapport. Il parut attéré de me savoir instruite de ses crimes; aussi prit-il plus la peine de cacher son affreux caractère : il devint furieux et proféra les plus terribles menaces, au point que son chef, obligé de s'interposer, lui ordonna de cesser ses vociférations. — Soyez assurée, me dit-il, que je vous protégerai autant que je le pourrai sans violer mes serments, car c'est à votre sexe que je dois les malheurs qui m'ont conduit ici. Je lui ai juré une haine implacable, mais ma vengeance pour ce qui vous concerne s'accordera avec votre juste désir d'être séparée de l'assassin de votre mari.

Ayant dit ces mots il sortit, emmenant avec lui ce misérable, qui n'osa pas résister.

Nous restâmes encore cinq jours dans ce souterrain, pendant lesquels je fis auprès du capitaine plusieurs tentatives pour qu'il obtînt de Menesson qu'il me rendît ma fille ; mais ce scélérat répondit qu'il ne s'en dessaisirait jamais et qu'il la gardait en ôtage, comme garantie de ma discrétion.

Dans la nuit du sixième jour on vint frapper à notre porte, et une voix que je reconnus pour celle du capitaine nous dit de nous lever et de nous habiller. Quand nous fûmes prêtes nous lui ouvrîmes. Il nous avertit que nous allions partir et qu'il allait lui-même nous conduire à bord d'un bâtiment, qui nous déposerait en pays étranger, ajoutant qu'il en agissait toujours ainsi avec tous ses prisonniers dans la crainte d'être dénoncé et découvert. — Dans quel pays nous envoyez-vous donc? lui demandai-je avec effroi. — Dans un pays, madame, où vous n'aurez rien

à craindre pour votre vie. Rassurez-
vous là-dessus, car vous y serez on
ne peut mieux; les dames y sont
toujours bien venues : ainsi donc
veuillez me suivre.

Toute observation devenant inutile, nous le suivîmes à travers des
corridors obscurs et tortueux, qui
me parurent être opposés à ceux
que nous avions parcourus en arrivant. Après un quart d'heure de marche nous parvînmes à l'extrémité de
ces couloirs ténébreux : un énorme
quartier de roche les terminait;
notre conducteur parut le déranger
avec assez de facilité, et, après l'a-
voir retenu assez long-temps pour
nous livrer passage, il le laissa retomber. Nous suivîmes un petit sentier extrêmement couvert, et, après
plusieurs détours, nous débou-
châmes dans une plaine, du moins
à ce que j'en pus juger à la lueur

des étoiles. Là nous trouvâmes une voiture dans laquelle il prit place auprès de nous, et nous partîmes escortés de quelques cavaliers.

Nous arrivâmes au point du jour sur les bords de la mer, où une barque nous attendait. Là notre conducteur nous apprit que nous allions être livrées à un pirate qui nous conduirait à Tunis. A cette nouvelle je devinai le sort qui nous était réservé ; nous étions destinées à devenir esclaves, et sans doute le prix de nos personnes était déjà compté à ce barbare. Ce fut en vain que j'essayai de le fléchir, il fut inexorable : Allez, nous dit-il , et que l'esclavage d'Afrique me venge de l'abus que fait votre sexe de la liberté dont il jouit en Europe.

Dix minutes après, nous étions à bord du navire du pirate.

Suite de l'Histoire de Mad. Evrard.

Les plus grandes douleurs, reprit madame Evrard, ont pour effet de paralyser tellement les sensations que leur excès même devient un adoucissement à la souffrance; c'est ce que j'éprouvai à bord du navire où j'avais été conduite. Je regardais sans voir et j'écoutais sans entendre; aucune idée distincte ne venait frapper mon esprit, qui errait dans une espèce de vague indéfinissable; enfin les sanglots et le désespoir de ma pauvre Elisa, mon amie bien plus que ma suivante, me tirèrent de cet état de stupeur, et sa douleur me rendit à la mienne. J'employai pour la consoler toutes les ressources

de ma raison, lui peignant l'esclavage comme ne devant être pour
nous que de très peu de durée, parce
qu'aussitôt notre débarquement je
ferais offrir une rançon capable
de séduire le maître le plus exi-
geant. D'ailleurs nous pouvions
avoir le bonheur d'écheoir en partage à un être assez humain pour
compâtir à nos peines. Mais Elisa
voyait les choses autrement que
moi et ne se faisait aucune illusion
sur le sort des esclaves dont elle avait
entendu peindre la triste condition
par un de ses oncles, vieux marin,
et je finissais bien souvent par
me désoler avec elle et comme elle.
Cependant lorsque je venais à penser que ma position, tout affreuse
qu'elle était, m'affranchissait de la
présence et de la société de l'infâme
Menesson, mon courage se relevait
et l'espoir d'un meilleur avenir ve-

nait luire au fond de mon cœur ; je pensais qu'il me serait facile d'écrire à mon frère, qui sans nul doute s'empresserait de faire les démarches nécessaires pour ma délivrance.

~~Je parvins~~ cependant à force de raisonnements à calmer le chagrin de ma compagne, qui consentit enfin à prendre un peu de nourriture; car nous ne manquions de rien dans ce bâtiment, et ~~dès notre arrivée à bord on nous~~ avait servi de tout ce qu'on croyait le plus capable de flatter notre goût. Nous devions certainement ces égards beaucoup moins à un sentiment d'humanité de la part des pirates qu'aux ~~soins de leur propre intérêt.~~

Il y avait déjà quinze jours que nous étions en mer, et rien n'était encore changé ni dans notre position, ni dans notre manière de vivre. Nous voyions presque tous les jours celui qui paraissait être le chef de ces forbans, mais ses visites étaient fort courtes et rarement il nous adressait la parole.

Cette vie monotone fut interrompue par un événement qui en changea tout à fait la nature. Un jour nous entendîmes beaucoup plus de bruit qu'à l'ordinaire ; restées dans notre chambre, dont nous ne sortions jamais, nous n'avions aucune idée des cas qui pouvaient amener ce changement dans l'état ordinaire du navire, lorsque des coups de canon vinrent nous annoncer que sans doute notre vaisseau allait engager ou repousser une attaque. Notre opinion étant que nous ne pouvions tomber en des mains pires que celles d'un pirate, nous faisions des vœux pour le vaisseau qui nous combattait : ils furent en effet exaucés, car après un combat d'une heure on

sauta à l'abordage sur notre navire ;
Elisa et moi, nous étions dans la plus
terrible anxiété ; au milieu de ce
mouvement et de ce bruit confus
nous ne pouvions former que des
conjectures. Enfin un homme, armé
d'une hache dégoûtante de sang,
parut tout à coup à nos yeux, au
moment où le calme semblait se ré-
tablir sur le pont. Notre premier
mouvement fut de nous jeter à ses
pieds et de lui demander grâce, sans
trop savoir ce que nous faisions.

—Ne craignez rien, mesdames,
me dit-il aussitôt en très mauvais
français ; puis, se tournant du côté
d'un autre militaire, qui arrivait dans
cet instant : Tenez, commandant,
je crois, lui dit-il en me désignant,
que voilà de vos compatriotes.

Alors cet officier, s'avançant très
poliment, me prit la main, me re-
leva, et me dit en très bon français

de me rassurer ; que nous n'avions
plus rien à craindre, qu'au contraire
nous devions tout espérer, puisque
nous n'étions plus au pouvoir de
nos oppresseurs ; car , ajouta-t-il
avec un léger sourire , je ne présume
pas que ce soit de votre plein gré
que vous vous trouviez dans la société de ces forbans.

J'allais lui répondre quand un
troisième militaire arriva et parla
aux deux premiers avec beaucoup
de vivacité et des gestes très animés.
Alors mon compatriote (car c'était
un Français) se tournant de mon
côté , me dit : Mesdames, veuillez
nous suivre sur notre bâtiment,
et surtout hâtons-nous ; nous n'a-
vons pas un moment à perdre,
car celui-ci va disparaître sous les
flots.

Nous le suivîmes : mais quel spectacle, grand Dieu ! vint frapper notre

vue! Les deux ponts étaient couverts de morts et de mourants; presque tout l'équipage du corsaire avait péri. On s'empressa de transporter à bord du navire vainqueur les blessés du pirate. A peine avait-on effectué ce transport que le bâtiment que nous venions de quitter s'abîma sous les eaux.

Le vaisseau sur lequel nous étions si heureusement passées n'avait que très peu souffert; il fut donc en peu d'instants remis dans le meilleur état; c'était un brick américain qui se rendait à New-York. Le capitaine me fit les plus grandes civilités, après qu'il eut appris du Français, avec lequel j'avais eu déjà un entretien, à quelle famille j'appartenais et par quel concours de circonstances fatales je m'en trouvais séparée.

Les obligations immenses que j'ai dues à ce Français, les dangers que

nous avons courus ensemble, et plus
encore que tout cela les liens qui plus
tard m'ont unie à lui, me font un
devoir de vous faire le portrait de cet
homme, véritable modèle de toutes
les qualités.

Il était âgé de trente-huit ans,
d'une figure grave mais animée,
d'une expression de douceur ravis-
sante ; il était à bord du navire
américain en qualité de passager,
et revenait de France, où il avait
en vain cherché à découvrir quel-
ques-uns des membres de sa famille, à laquelle son cœur sen-
tait le besoin de faire partager l'im-
mense fortune qu'il avait acquise aux
Etats-Unis, où il retournait après
avoir fait d'inutiles recherches. Il
était noble et avait servi dans les
mousquetaires, où il avait connu
mon mari, le comte de Dax ; il connaissait aussi mon frère ; le grade

qu'il avait occupé dans l'armée était celui de commandant : c'est ainsi qu'on le désignait à bord de ce brick; il y avait donné les plus grandes preuves de courage et d'habileté pendant le combat contre le pirate; aussi jouissait-il auprès du capitaine et de tous les gens de l'équipage d'une très grande considération.

Après avoir écouté l'histoire de mes malheurs avec le plus vif intérêt il me fit, de la manière la plus délicate, les offres de services que ma position me rendait nécessaires. Il me proposa de s'arrêter à New-York et d'attendre chez lui le résultat de démarches qu'il activerait de tout son crédit.

La rencontre de cet homme généreux me fit donc espérer des jours plus prospères, et, sans avoir décidé comment et jusqu'à quel point je profiterais de ses offres, son dévouement était pour moi comme un phare protecteur qui me guiderait en chemin. Mais hélas ! parmi combien d'écueils devais-je le voir briller avant d'arriver au port.

Nous voyagions depuis deux mois sans que le plus petit contre-temps fût venu contrarier notre traversée ; elle était près de se terminer lorsque , le vent venant tout à coup à tomber, une chaleur étouffante y succéda; la gaieté de l'équipage sembla disparaître avec la brise. La mer, unie comme une glace, reflétait les rayons *brûlants* du soleil qu'aucun nuage ne venait briser. Nous restâmes dix jours dans ce calme désespérant par les dangers qu'il ne nous faisait que trop pressentir. En effet, le onzième jour, de sourds mugissements soulevèrent les flots de la mer, dont le bouillonnement continuel agitait le vaisseau sans le changer de place. Bientôt d'immenses nuages s'amoncelèrent au dessus de nos têtes, et vinrent nous envelopper d'une atmosphère suffoquante qui nous ôtait jusqu'au pouvoir de nous remuer. Emprisonnés dans un courant électrique d'une puissance effrayante, les matelots atteints par des coups invisibles restaient frappés d'une terreur superstitieuse qui les rendait incapables d'exécuter aucune manœuvre. Nous restâmes quatre heures dans cet état d'angoisses indéfinissables ; un violent coup de tonnerre vint enfin briser le voile d'airain sous lequel nous étouffions: alors une conflagration alimentée par les vents les plus impétueux, au milieu de laquelle la mer et le ciel semblaient confondus, vint tour à tour précipiter le navire dans les profondeurs de l'Océan ou l'élever sur le sommet des vagues furieuses.

Je n'essaierai pas de vous peindre notre consternation, lorsque le calme se fut rétabli, en voyant ce brick, naguère si élégant et si solide, privé de tous ses agrès et faisant eau de toutes parts, au point qu'il devenait indispensable de le quitter à peine de faire naufrage. Les regrets et le désespoir augmentèrent encore lorsque cherchant le capitaine on ne le trouva plus. Sans doute dans l'excès de son zèle, s'étant trop exposé, il avait été emporté par une lame.

Dans une position aussi critique la présence du commandant fut un bonheur pour l'équipage ; sa sollicitude pour moi fut, je n'en doute pas, la principale cause de sa conservation, car les fréquentes visites qu'il me faisait pour me rassurer ou

du moins relever mon courage l'é-
loignèrent des occasions d'un danger pareil à celui dont le capitaine
avait été victime.

Il vit d'un coup d'œil qu'il ne
fallait plus compter sur le vaisseau
et que le temps que l'équipage passerait aux pompes serait un temps
perdu, pendant lequel le danger ne
ferait encore qu'augmenter. Il ordonna donc de préparer les deux cha-
loupes; il nous fit descendre dans la
plus petite, et il s'y plaça près de
nous avec dix matelots et un pilote ;
le lieutenant du brick, avec le reste
de l'équipage, se jeta dans la plus
grande. Quelques malheureux matelots que la cupidité dominait, au
milieu même du plus grand danger, mais principalement tous ceux
qui avaient été faits prisonniers à
bord du corsaire, voulurent rester
sur le navire, sans doute dans l'es-

poir de le sauver à leur profit ; mais
leur ambition leur coûta la vie, car
il coula peu d'instants après que
nous l'eûmes quitté.

Les deux embarcations voguèrent
de conserve pendant toute la journée. Le temps était devenu serein,
mais la mer restait toujours agitée
quoiqu'il ne fit presque pas de vent;
cela n'était pas surprenant après une
tempête aussi furieuse. La nuit, le
canot se sépara de nous et nous n'en
entendîmes plus parler.

Nous naviguâmes ainsi pendant
huit jours sans éprouver d'accident;
il semblait même que le ciel voulût
nous favoriser et nous récompenser
des maux que nous avions soufferts,
et la mer fut pendant tout ce temps
d'une tranquillité parfaite.

Cependant nous n'apercevions
pas la terre et rien ne nous annonçait encore que nos peines touchas-

sent à leur fin. Malgré la grande économie qu'on avait mise dans la distribution des vivres, puisque les rations avaient été réduites à un quart, le peu de provisions qu'on avait pu emporter allaient finir. L'eau surtout, ce liquide si précieux, manquait depuis un jour, et cette privation nous faisait éprouver déja d'horribles souffrances.

La faim vint y joindre les siennes, et dès lors l'abattement et le désespoir s'emparèrent de nous tous, mais surtout de nos matelots. Ces hommes, qui quelques jours auparavant montraient tant de courage, paraissaient déterminés à tout entreprendre pour conserver leur existence et faisaient gémir les flots sous l'effort de leurs rames, maintenant étendus pêle-mêle les uns sur les autres, les yeux hagards, le visage hâve et contracté, ressemblaient déja plus à des cadavres qu'à des êtres vivants; ils faisaient horreur à voir; une ardeur dévorante brûlait leur sang.

Quoique soumises aux mêmes privations, Elisa et moi, dont la complexion délicate donnait moins de prise aux souffrances aiguës, nous offrions des symptômes moins effrayants; un abattement complet nous laissait dans un état qui nous sauvait à la fois une partie de l'horreur de notre position et du spectacle affreux des douleurs de nos compagnons.

Nous fûmes cependant tirées de cette heureuse apathie par les cris de quelques matelots à qui l'excès de la faim avait rendu des forces frénétiques; ils voulaient se jeter sur ceux qui, plus accablés, manquaient de force pour leur résister; toute règle humaine était disparue chez ces malheureux : la faim venait d'en faire des cannibales. Dans une position aussi exaspérée il n'était guère possible de leur faire entendre raison. Tout ce que put obtenir l'énergie du commandant, ce fut de régulariser au moins les actes atroces qu'ils étaient décidés à commettre : il fut donc résolu qu'on laisserait au sort à désigner la première victime.

Je ne vous peindrai pas les cruelles émotions dont je fus agitée durant les préparatifs de cette horrible loterie; il faut que le sentiment de la vie soit bien puissant puisqu'il révèle son égoïsme même au milieu des plus affreux tourments. Vous l'avouerai-je, je craignais d'être désignée par le sort, et pendant les préliminaires employés pour le consulter il ne me vint pas à l'idée de trembler pour ceux qui m'étaient chers.

Mais quelle douleur n'éprouvai-je pas lorsque j'entendis prononcer le nom de la malheureuse Elisa! Je poussai un cri déchirant et je m'élançai dans ses bras, espérant ainsi la soustraire à la mort, qu'elle attendait sans manifester aucune émotion, car elle n'avait rien compris à tout cet arrangement. L'infortunée avait perdu la raison.

Je m'évanouis lorsqu'on l'arracha de mes bras; il paraît qu'un état de torpeur et de prostration générale succéda à mon évanouissement et me tint pendant bien des heures étrangère à tout ce qui se passait autour de moi; car, lorsque je repris mes sens, je me trouvai étendue sur le sable; je refermai aussitôt les yeux, croyant être encore dans le canot et designée pour servir, comme la pauvre Elisa, de pâture à ces hommes impitoyables.

Cependant par les soins empressés du commandant, qui s'était oublié lui-même pour me conserver
à la vie, je recouvrai bientôt ma
raison, dont l'excès de ma faiblesse
m'avait privée. Il m'apprit qu'un
gros temps étant survenu quelques
heures après mon évanouissement,
notre chaloupe, plusieurs fois en
danger de périr, avait été poussée
sur la côte où nous étions ; la première inspection faisait supposer
que ce devait être une île déserte ; cependant on y avait trouvé des fruits,
des coquillages et surtout du gibier
en abondance ; tous les gens de l'é-
quipage étaient partis à la chasse.
Je fus en effet restaurée par un excellent bouillon de tortue que le commandant avait fait. Lorsque j'eus repris un peu de forces nous nous
dirigeâmes vers une grotte que nous
aperçûmes à peu de distance ; le

commandant, aidé d'un vieux mate-
lot qui était resté avec lui, disposa
l'intérieur de cette grotte sans beaucoup de peine, de manière à ce que
nous pussions y trouver un abri
vaste et commode; les matelots qui
étaient allés à la chasse avec le lieutenant revinrent chargés de gibier et
de fruits qui nous fournirent une
nourriture agréable et une boisson
très rafraîchissante.

Je crois que les malheurs les plus
grands sont aussi ceux qu'on oublie
le plus vite, car nous fûmes presque
gais pendant ce repas pris dans une
île déserte dont nous ne connaissions pas encore toute l'étendue et
qui pouvait renfermer des bêtes fé-
roces. La tyrannie des besoins phy-
siques une fois disparue, chacun de
ces hommes était redevenu ce qu'il
était auparavant, courageux, soumis
et dévoué; le lieutenant et le com-

mandant avaient presque transporté à notre table sauvage les formes et la galanterie françaises.

Le lendemain lorsque la nuit eut rappelé au sentiment positif, on se demanda avec inquiétude si cette île devait être notre tombeau ; alors il fut convenu qu'une partie de l'équipage irait à la découverte pour chercher à reconnaître si d'autres voyageurs n'y étaient pas venus avant nous. L'expédition que le lieutenant avait accompagnée revint le lendemain au soir ; cet officier nous annonça que le côté méridional de l'île était d'un abordage plus facile que celui où nous nous trouvions; il avait reconnu aux inscriptions qui existaient sur les rochers que plusieurs navires étaient venus y prendre de l'eau.

D'après cette communication il fut décidé que nous irions établir

notre domicile sur l'autre rive ; le
lieutenant fit radouber la chaloupe
de manière à pouvoir s'en servir pour
croiser autour de l'île, afin aussi
d'être à portée d'épier plus facilement l'apparition d'un navire.

Aussitôt que la chaloupe fut en
état, le lieutenant la monta avec
quelques hommes et se dirigea vers
le point qu'il avait été reconnaître.
Le commandant et le reste de nos
compagnons prirent avec moi le chemin de terre, guidés par un des matelots qui l'avaient déjà parcourue ;
nous fîmes à peu près quatre lieues
à travers les montagnes, nous repo-
sant souvent, car nos forces ne nous
auraient pas permis de faire ce trajet tout d'une haleine.

Nous arrivâmes à la fin du jour au
terme de notre voyage, et nous re-
connûmes qu'en effet ce côté de
l'île était plus propre à un mouil-

lage que celui que nous avions quitté. Nous attendions d'un instant à l'autre l'arrivée de la chaloupe, mais la nuit et deux jours encore s'écoulèrent sans que nous la vissions reparaître; un si long retard nous fit croire que le malheureux lieutenant et ses matelots avaient péri parce qu'il s'était élevé une bourrasque assez violente dans la nuit même qui suivit leur départ. Cette triste persuasion nous affligea beaucoup, d'abord à cause de la perte de nos compagnons, ensuite parce que nous nous trouvions privés de la chaloupe, qui pouvait nous être d'une grande utilité.

Le troisième jour de notre installation sur la nouvelle plage, nous étions occupés à déplorer le sort de ces infortunés et nous faisions naturellement sur nous-mêmes un affligeant retour, lorsque nous entendimes des coups de feu, et nous vîmes paraître presque au même instant notre lieutenant avec d'autres matelots que ceux que nous connaissions; il vint se jeter dans les bras du commandant en s'écriant : Nous sommes sauvés ! En un instant toute notre petite caravane fut réunie autour de lui, et l'on apprit avec les transports de la plus vive joie que, chassée d'abord au large par l'effet de la bourrasque, la chaloupe, au milieu du second jour, s'était trouvée en vue d'un bâtiment qui avait mis en panne pour l'attendre; qu'après avoir reçu à son bord le lieutenant et ses hommes et avoir appris la triste position dans laquelle nous nous trouvions, le capitaine de la frégate avait mis la grande chaloupe à la mer pour venir nous prendre.

Je ne vous peindrai pas notre

bonheur lorsque, arrivés sur la frégate, nous nous vîmes entourés des
soins que l'on prodigue avec tant
d'empressement à ceux que l'on
vient d'arracher à une mort presque inévitable, ou du moins à des
dangers souvent plus redoutables
que la mort.

Le commandant avait retrouvé
dans le capitaine de la frégate un
ancien camarade qui lui devait la
vie; aussi fus-je entourée d'attentions et de prévenances si délicates
à cause de cette circonstance que
j'en étais presque confuse.

La frégate faisait route pour
New-York; nous fîmes le reste de
la traversée sans éprouver le moindre accident, et nous allâmes débar-
quer à New-York, d'où nous nous
rendîmes aussitôt à la propriété
de mon compatriote. C'était une
habitation charmante où je fus en-

core entourée de soins, d'attentions inimaginables.

Quel changement de position pour moi !... Je me crus transportée dans un paradis terrestre, après tous les maux que j'avais soufferts, toutes les angoises que j'avais éprouvées ; et si le souvenir de mes malheurs passés ne fût pas venu aussi souvent jeter un nuage douloureux sur le présent et me rappeler la situation précaire dans laquelle je me trouvais (obligée, comme je l'étais, de devoir l'existence à l'humanité de l'homme respectable qui m'avait accueillie) j'eusse été on ne peut plus heureuse; la reconnaissance me faisait en outre un devoir de cacher ma tristesse au commandant, parce qu'il paraissait en souffrir quand il s'en apercevait; son extrême délicatesse faisait qu'il se présentait toujours comme mon obligé , parce que, disait-il, les soins que je donnais aux immenses détails de sa maison étaient au-dessus de toute reconnaissance.

Il y avait près de deux ans que j'étais en Amérique, et ses attentions étaient toujours les mêmes à mon égard; mais il me fut facile de m'apercevoir que son humeur changeait insensiblement: il n'était plus aussi gai, quelquefois même il devenait en ma présence pensif et rêveur, et ce n'était qu'avec le plus grand effort que, sur la guerre que je lui faisais, il reprenait son air enjoué. Je crus d'abord à quelques mauvaises nouvelles dont il ne voulait pas me faire part ; mais voyant sa santé s'altérer tous les jours davantage, je m'autorisai de mon titre d'amie pour l'engager à m'avouer la cause de sa tristesse.

— Pourquoi, lui dis-je alors, ne me confieriez-vous pas des chagrins qui, partagés, sont toujours bien plus légers à supporter?... Pourquoi vous livrer ainsi à l'affliction? Prenez, je vous prie, plus de confiance en mon amitié; avouez-moi le secret de vos peines, vous savez si mon cœur est fait pour les partager.

Il ne me fit d'abord que des réponses évasives; mais que devins-je quand, forcé à la fin par mes supplications, et après avoir surmonté son embarras, il m'avoua qu'il était éperdument amoureux de moi, mais que la crainte qu'il avait de me voir rejeter ses vœux était l'unique cause de l'état qui paraissait si vivement exciter ma sollicitude; en terminant cette déclaration il me fit l'offre de sa main et me conjura du ton le plus passionné de ne pas le désespérer par un refus qui serait pour lui le coup de la mort.

Ce fut à mon tour de rester anéantie et sans voix en l'entendant me faire une pareille proposition ; cependant comme il s'était jeté à mes pieds, je le priai de se relever et de m'entendre.

Je lui fis alors diverses objections et lui dis que la cruelle position dans laquelle je me trouvais ne me permettait pas de mettre en oubli mes premiers engagements ; mais il combattit mes scrupules avec une chaleur si passionnée, que vaincue par ses instances je ne crus pas devoir lui résister plus long-temps, il m'en eût d'ailleurs tant coûté de payer d'un refus absolu un amour si tendrement exprimé ! et comme ses nobles qualités m'étaient un sûr garant du bonheur dont je jouirais dans cette nouvelle union, je ne crus plus devoir hésiter à lui promettre ma main. Quinze jours après en effet j'étais l'épouse du bon, de l'excellent M. Dubreuil.

— Dubreuil! répéta le capitaine Saint-Hilaire, et il était français?... officier sortant de la maison du roi, et parti pour l'Amérique à la suite du marquis de La Fayette?..

— Oui, monsieur, répondit-elle étonnée de la brusque interruption du vieux marin, il était français et d'une famille noble de la Saintonge.

— De la Saintonge! de la Saintonge! s'écria le capitaine tout hors de lui, Jean-Baptiste-Alexandre Dubreuil, chevalier de Saint-Hilaire? Madame, c'était mon frère!... Puis se levant et courant à madame Evrard, il l'embrassa, suffoqué de

joie, en l'appelant sa chère belle-
sœur.

Quand son émotion fut un peu
calmée ce fut le tour de la belle
Atala d'être fêtée, car madame
Evrard ne tarda pas à la présenter
à son oncle ; puis reprenant la parole, elle ajouta :

— Mais il avait aussi une fille
qu'il fut forcé de laisser à Niort, chez
une de ses belles-sœurs, lorsqu'il
partît pour l'Amérique. Sauriez-
vous, par hasard, ce qu'elle est
devenue ?

— Oui, madame, oui, reprit le
capitaine encore tout transporté,
et la voici ! ajouta-t-il en montrant
madame Sennal…. et ce furent encore de nouveaux embrassements.

— Combien de fois votre père m'a
parlé de vous ! dit madame Evrard,
dont l'émotion faisait encore trembler la voix ; que de pleurs il a ver-

sés sur votre sort! car il vous croyait morte, n'ayant pù se procurer de vos nouvelles lors du voyage qu'il fit en France pour vous chercher et vous emmener avec lui en Amérique, car il s'y était alors formé un très bel établissement en épousant une riche veuve qui, après deux ans de mariage, lui avait en mourant laissé toute sa fortune ; ce fut pendant ce voyage qu'il me sauva des mains des corsaires : il retournait alors dans sa nouvelle patrie, désespéré de ne vous avoir pas trouvée et vous croyant perdue sans retour, d'après ce qu'il avait appris de la triste fin de sa belle-sœur qui, comme tant d'autres victimes de la révolution, avait porté sa tête sur l'échafaud. — Si encore, disait-il quelquefois, mon frère n'eût pas été en mer dans ces moments critiques, je pourrais espérer qu'il aurait pu la sauver et la protéger, car il m'avait promis de lui servir de père, et son cœur noble et bienfaisant m'était un sûr garant qu'il aurait tenu religieusement sa promesse.... Mais qui sait si lui-même a pu échapper à la hache révolutionnaire !

— Pauvre frère ! dit d'une voix étouffée le capitaine, il me rendait bien justice en pensant qu'au péril de mes jours j'aurais tout fait pour protéger son enfant... Mais comment diable a-t-il pu, une fois que tout a été apaisé, rester dans l'inaction sans chercher à savoir si j'étais vivant ou mort, ce qui lui eût été si facile en s'adressant au ministre de la marine...

— C'est qu'il avait envie de venir lui-même prendre ces informations sur les lieux, et sans cesse de nouveaux empêchements sont venus y mettre obstacle, et sa mort, que nous étions loin d'attendre sitôt, arriva sans qu'il eût pu mettre son projet à exécution. D'abord, désirant m'emmener avec lui, il voulut attendre que la circulation des mers fût un peu plus sûre; puis je devins enceinte, et il fallut encore retarder et attendre non seulement que je fusse accouchée, mais encore qu'Atala, que nous ne voulions pas laisser derrière nous, fût en état de faire le voyage. Enfin le moment était arrivé où nous allions tous nous mettre en route, quand il tomba malade et mourut après six mois de maladie... Ici se termine mon histoire; quant à ce qui m'est arrivé depuis, je pense que M. Evrard voudra bien se charger du soin de vous en instruire.

Fin de l'Histoire de Mad. Evrard.

La fin de l'histoire de ma femme
se liant essentiellement à ce qui
m'est personnel, je me vois aussi
obligé de vous entretenir un peu de
moi, dit le capitaine Evrard.

D'abord peu d'entre vous igno-
rent les raisons qui me forcèrent
de m'expatrier lorsque Napoléon
passa du consulat à l'empire. Enfant de la révolution qui venait
de s'opérer, j'avais, pour ainsi
dire, en naissant sucé le lait de
l'indépendance. Ma jeune tête,
remplie de l'histoire romaine qu'on
nous faisait expliquer dans nos clas-
ses, ne rêvait que république. Les
sentiments, la manière de voir et de

penser de ces fiers républicains me
paraissaient les seuls dignes d'être
appréciés. Je me révoltais à chacun
des passages qui nous apprenaient
les changements qui s'étaient opérés
chez ce peuple et qui le ramenaient
sous le joug de tyrans toujours plus
soigneux de l'opprimer davantage.
Je me sentais indigné contre les
lâches qui osaient leur prêter la
main et les aider à asservir leur
pays, je pensais que si j'eusse été
à la place de Brutus j'aurais agi
comme lui.

Vous pensez bien qu'avec ces sentiments, auxquels la révolution ne
fit que prêter de nouvelles forces,
je ne fus pas des derniers à voir
d'un mauvais œil l'homme que
j'avais jusque là regardé comme
un génie bienfaisant envoyé tout
exprès pour réaliser les beaux rê-
ves de ma jeunesse, montrer tout

à coup au grand jour l'ambition démesurée qu'il avait jusque là tenue si soigneusement cachée au fond de son cœur. Fâché de lui voir préférer la puissance à la vraie gloire, puisqu'il échangeait sans regret le titre si grand de premier capitaine du monde contre celui si banal d'empereur; je ne vis en lui qu'un traître à la sainte cause de la liberté, et résolus de ne pas augmenter plus long-temps le nombre de ses esclaves.

Comme je ne prenais point la peine de cacher mes sentiments, et que je les manifestais au contraire avec assez peu de mesure, je ne tardai pas à devenir suspect à ses séïdes. Averti à temps par quelques amis que j'étais impliqué dans une conspiration qui avait pour but de se défaire de la personne de l'empereur, je crus prudent de me mettre à couvert d'une arrestation qui ne pouvait pas manquer d'avoir lieu, car bien que je fusse innocent du complot dans lequel la police persistait à me donner un rôle, puisque si je haïssais l'empereur, ce n'eût point été par un assassinat que j'aurais voulu faire triompher mon opinion politique, je sentis que le soupçon dans ce cas tenant presque toujours lieu du crime, je devais plutôt pourvoir à ma sûreté que chercher à me justifier. Je me décidai à chercher à l'étranger la tranquillité dont je ne pouvais désormais jouir dans mon pays.

Je pris donc le sage parti de m'expatrier, et mon goût prononcé pour les états indépendants me fit choisir préférablement à tout autre les provinces unies de l'Amérique Septentrionale. D'ailleurs dans ce pays j'avais l'espoir d'utiliser encore ma jeunesse en offrant mes services à ces fiers républicains, et puis je ne doutais pas que ma qualité d'officier français ne me fît bien venir des compagnons de gloire de Lafayette.

Je ne me trompais pas, car après quelques semaines employées à me mettre au courant des mœurs des habitants et du système de leur gouvernement, je n'hésitai plus à m'enrôler sous les drapeaux de l'indépendance. Il devient inutile d'ajouter que je n'eus qu'à me féliciter d'avoir adopté ce parti.

Il y avait près de deux ans que j'étais en Amérique quand les devoirs de ma place me conduisirent à New-York. Je fis dans cette ville la connaissance d'un ancien officier français qui ayant fait partie dans le temps de l'expédition de Lafayette

était resté au service de cette république. Il s'était établi dans le pays
et y jouissait de l'estime générale de
ses nouveaux concitoyens. Sa société me plut infiniment, et je me
proposai de le voir tout le temps
que devrait durer mon séjour dans
cette ville. C'était un homme de
grande érudition, qui connaissait
le monde, mais surtout les hommes; il était rare qu'il se trompât
sur leur compte. Nous faisions souvent ensemble de longues promenades que son esprit me rendait
infiniment agréables.

Ce fut à la suite d'une de ces
promenades que, nous trouvant
surpris par un orage, il me proposa de chercher un abri chez une
dame de sa connaissance, veuve depuis trois ans, et à laquelle appar-
tenait l'habitation qui se trouvait le
plus près de nous. J'acceptai. Nous

fûmes reçus par madame Dubreuil comme des Français sont toujours assurés de l'être en pays étranger par des compatriotes. Nous passâmes le reste de la journée chez elle, et lorsque je sortis j'aurais été très malheureux si je n'avais pas obtenu la permision de revenir la visiter ; je revins en effet et je parvins, à force de soins et d'insistance à triompher de ses scrupules pour une nouvelle union.

Quand madame Dubreuil fut devenue ma femme elle me communiqua les détails que vous venez d'entendre. Je fus frappé des rapports qui existaient entre certaine partie de son histoire et l'événement de la forêt de Fontainebleau, dont j'avais été un des témoins avant mon départ de France. Je lui en fis part et elle ne douta plus que ce ne fût son fils dont j'avais été le parrain ;

alors le désir de revenir en France remplaça chez elle la répugnance qu'elle avait eue jusqu'à ce moment à rentrer dans un pays qui ne pouvait faire revivre chez elle que des souvenirs douloureux.

Je m'entendis donc pour notre traversée avec le capitaine d'un bâtiment marchand, auquel je fournis une partie de sa cargaison pour ne pas éprouver de retard, et qui nous a débarqués en France sans avoir éprouvé le plus petit accident.

Aussitôt notre arrivée chez mon père, je n'eus rien de plus pressé que de m'informer si Sennal et sa famille habitaient toujours le pays, je fus très contrarié de ne pas les y trouver ; mais nous décidâmes à les aller rejoindre à Paris, après nous être donné quelques jours de repos ; vous savez comment nous sommes arrivés vous surprendre.

Il est bon de vous dire maintenant que, pendant notre séjour chez mon père madame a voulu absolument visiter la caverne où nous avions trouvé l'enfant, afin de s'assurer si c'était bien celle qu'elle avait habitée, elle l'a parfaitement bien reconnue; ainsi donc, en allant vous joindre, elle était convaincue d'avance qu'elle allait enfin retrouver l'enfant qu'elle avait si long-temps pleuré.

Le capitaine Evrard termina là son récit, et quand il eut cessé de parler chacun fit ses réflexions sur la bizarrerie du sort, sur les effets de la providence, qui après avoir permis que les deux belles-sœurs éprouvassent dans le même temps et presque dans le même endroit des malheurs qui les avaient sé-

parées pendant tant d'années, l'une
d'un époux, l'autre d'un fils, avait
voulu qu'après vingt-cinq ans
d'absence elles se réunissent dans
les mêmes lieux témoins de leurs
infortunes pour retrouver les êtres
qui leur avaient coûté tant de
larmes.

— Remarquez, je vous prie, l'en-
chaînement des circonstances à mon
égard, dit le vieux marin, ces circonstances qui ont voulu que je vinsse
m'établir dans ce pays, que j'y ma-
riasse ma nièce que je croyais alors
orpheline, qu'elle y devînt la pro-
tectrice d'un enfant dont on ignorait l'origine et qui se trouve avoir
pour mère une dame devenue ma
belle-sœur et qui vient non seulement me donner des nouvelles d'un
frère dont je n'avais pas entendu
parler depuis près de trente ans,

IV.   7

mais qui m'amène encore une nouvelle nièce, et tout cela parce qu'il a
plu à un capitaine de hussards de
trouver mauvais que son général
voulût se couvrir les épaules d'un
manteau impérial.

— Mais est-ce que vous seriez fâché de cette augmentation de famille ? demanda malicieusement
Atala...

— Non, non, certes, dit le capitaine les larmes aux yeux et en
tendant les bras à la jeune fille qui
courut s'y jeter en folâtrant; certainement non, je n'en suis pas fâché,
et Dieu sait si jamais j'eus dans ma
vie de moment plus heureux que
celui qui m'a appris que j'avais
toute ma famille réunie autour de
moi.

Enfin la société se sépara et chacun fut de son côté donner un libre

cours aux réflexions que lui avaient suggérées les divers événements arrivés à madame Evrard.

Assassinat. — Conclusion.

Edouard, ému de tout ce qu'il venait d'apprendre, fut un instant se promener dans la commune, et chercher quelques distractions auprès de ses compagnons d'armes; en revenant le soir, il fut acosté par un petit paysan qui lui remit un billet anonyme, par lequel on l'engageait à se trouver le lendemain matin dans la forêt, à un endroit connu sous la dénomination du Chêne vert : il apprendrait là, lui disait-on, quelque chose qui l'intéresserait vivement.

Ce billet, qu'on ne signait pas, écrit pour un motif qu'on n'osait avouer, ne pouvait émaner que d'un làche ou d'un traître. Le piége était trop grossier pour qu'Edouard s'y laissât prendre ; il pensa bien aussi que l'auteur était assez prudent pour ne pas s'exposer à venir lui-même au rendez-vous s'il s'apercevait que celui à qui il le donnait eût pris ses précautions contre le guet-à-pens que devait faire présumer cette lettre : il décida donc qu'il ne se rendrait point à cette invitation. Il en fit part à toute la société réunie, et de toutes les conjectures qu'on forma à ce sujet, la plus unanime fut que Menesson ou un de ses agents était l'auteur de ce billet ; on en conclut tout naturellement qu'il devait être caché dans la forêt, et on décida de prendre les mesures les plus sérieuses pour arriver à s'emparer de ce scélérat.

On prévint à cet effet la gendarmerie, et Edouard fut lui-même à Fontainebleau engager quelques officiers de ses amis à se trouver à un jour indiqué pour prêter main-forte.

Il revenait de la ville, où il avait été retenu plus long-temps qu'il n'avait prévu, lorsqu'au détour d'un sentier dans le bois il fut obligé de descendre de cheval pour ramasser sa cravache qu'il avait laissé tomber. A peine avait-il mis pied à terre qu'il se sentit tout à coup saisi par trois hommes qui tombèrent sur lui à l'improviste et le renversèrent; ils se disposaient à le garotter lorsque l'apparition subite d'un garde de la forêt leur fit lâcher prise et prendre la fuite. Effrayés et présumant sans doute que cet homme n'était pas seul, ils disparurent avec tant de promptitude dans le taillis, que le garde n'eut pas le temps de les viser du fusil à deux coups dont

il était armé; il s'approcha aussitôt
d'Edouard, qui reconnut le vieux
grenadier de la Bérésina.

—Sais-tu bien, mon vieux camarade, lui dit-il, que tu m'en sauves
d'une belle et que je te dois la vie ?

—Quoi ! mon colonel, vous croyez
que ces coquins en voulaient à vos
jours?... que je suis donc fâché
maintenant de n'avoir pas pu en
abattre au moins un... Mais comment vous trouvez-vous ici si tard?..

—Je reviens de la ville, où j'ai
été retenu plus long-temps que je
ne pensais; mais, dis-moi, mon
brave, combien étaient-ils?...

—Ils étaient trois, colonel, et
j'ai cru en apercevoir un quatrième
dans le taillis; je n'ai pourtant pas
pu trop bien le voir, parce que je
j'avais toujours l'œil de préférence
sur les trois autres que j'avais l'espoir de tirer au pied levé; mais

ils ont disparu comme un éclair.

— Et où diable sont-ils allés comme cela? Ils ne doivent pas être loin.... Si nous battions un peu les environs?

— Oh! cela devient inutile, mon colonel; ils se sont enfoncés dans le fourré si épais que vous avez à votre gauche, et je sais qu'il existe dans cet endroit des souterrains qui s'étendent à près d'un quart de lieue d'ici et qui vont correspondre avec une caverne qu'on nomme dans le pays l'Ermitage....

Ici le jeune colonel fut comme frappé d'une inspiration soudaine:
— Mon ami, dit-il, peux-tu me rendre un nouveau service?...

— Comment, colonel, pouvez-vous bien me faire une pareille question, après tout ce que je vous dois?

— Bon, bon, reprit Edouard

en reprenant la bride de son cheval ; je crois que de ce côté je te dois
tout autant que tu crois me devoir;
mais il ne s'agit pas de cela maintenant : fais-moi le plaisir de rester
ici et de bien surveiller les environs
jusqu'à mon retour..... Cela dit, il
partit au grand galop.

— Vous pouvez être tranquille,
colonel, lui cria le vieux grognard , car sans doute le lecteur a
reconnu le grenadier de la vieille
garde, celui auquel Edouard avait
sauvé la vie dans les plaines glacées
de la Russie, et qu'il avait fait nom-
mer depuis sa rentrée au pays,
par l'intermédiaire du duc de P**,
garde principal de la forêt de Fontainebleau. Ce vieux brave , fort
heureusement pour le jeune homme
finissait sa tournée ce jour-là par ce
côté ; il était arrivé à temps pour le
tirer des mains de gens qui , selon

toute apparence, ne l'auraient pas ménagé.

Il ne mit pas grand temps à regagner la maison du capitaine Saint-Hilaire; son arrivée y causa le plus grand effroi.

A peine eut-il raconté ce qui venait de lui arriver qu'on décida de battre à l'instant même la forêt, parce qu'on ne douta pas que l'auteur de cet attentat ne fût le misérable après lequel on cherchait depuis si long-temps.

On fut donc prévenir tout le monde; Charles fut lui-même prier les officiers qui fréquentaient habituellement la maison de se joindre à eux; les chevaux furent sellés à l'instant et l'on se réunit au nombre de vingt cavaliers, y compris les domestiques, tous anciens militaires, sans compter la brigade de gendarmerie, qui devait surveiller les divers points par lesquels les brigands pourraient chercher à s'échapper.

Cette troupe traversa la commune au grand galop et se dirigea vers la forêt. Arrivée à l'endroit où Edouard avait été attaqué le matin, elle fit halte; alors parut le vieux grenadier, qui dit n'avoir rien vu depuis le départ du colonel: mais, ajouta-t-il, ce n'est pas par ici qu'il faut attaquer; il suffit de laisser quelques hommes pour surveiller cette issue, on fera mieux de se porter du côté de l'entrée de la caverne.

Il fut alors décidé qu'Edouard y resterait avec deux hommes et le garde; le reste de la troupe ayant en tête Charles, le capitaine Evrard et le général Sennal, qui connaissaient parfaitement les localités, se rendirent à l'ermitage. Le maréchal et le vieux capitaine

Saint-Hilaire étaient restés à la maison avec les dames.

Une fois arrivés au pied du tertre où seize ans auparavant madame Sennal avait été si fort effrayée par l'apparition subite d'Edouard dans un lieu si sauvage, ils mirent tous pied à terre et, après avoir attaché leurs chevaux, se disposèrent à se diriger vers l'entrée.

Charles, avec une partie de la troupe, entreprit de pénétrer dans la caverne par le côté où on y était parvenu lorsqu'on avait trouvé Edouard, tandis que le reste, conduit par Sennal et le capitaine Evrard, pénétra plus avant pour prendre le sentier qu'ils connaissaient et qui y conduisait par une pente douce.

A peine la troupe de Charles s'était-elle mise en devoir de se frayer un passage en gravissant ce monti-

cule, que trois coups de feu partirent en même temps; mais les balles
ne firent que siffler à leurs oreilles
sans blesser personne. Cet acte d'hos-
tilité ne fit qu'exciter les assaillants,
mais particulièrement Charles, qui
ne doutait plus qu'enfin il ne réus-
sît à trouver le monstre qui l'avait
déjà rendu si malheureux; aussi
était-il transporté de colère. Mais il
la sentit bien autrement s'accroître
encore quand sous le feu d'une seconde décharge il vit tomber à ses
côtés, percé d'une balle, l'intendant
de son père, ce vieux sous-officier de
l'ancienne armée que le duc aimait
tant, et qui, venu de la veille voir
son maître pour prendre ses ordres,
avait absolument voulu faire partie
de l'expédition; entier à sa fureur
Charles ne trouve plus d'obstacles
capables de l'arrêter. Il escalade
tout, arrive sur la plate-forme avant

même que les trois coquins qui la défendaient aient pu trouver le temps de recharger leurs armes; il en saisit un, lui fait sauter la cervelle, puis dirigeant son second pistolet sur les deux autres qui se sauvent, il en ajuste un second, tire et l'atteint; mais malgré sa blessure, le bandit se traîne jusqu'à l'entrée de la caverne et disparaît.

Alors sans calculer le danger qu'il peut courir, sans attendre ses compagnons qu'il a laissés derrière lui, il marche droit à cette entrée qu'il trouve barricadée avec des branches d'arbres; mais rien ne peut lui résister; il enfonce tout, pénètre dans la première pièce de cet antre sauvage: rien... Il va passer dans la seconde quand un spectacle horrible vient le clouer, pour ainsi dire, à la place où il est.....

A l'extrémité de la seconde pièce

donnant dans la troisième il voit son ennemi, les yeux étincelants dans l'obscurité comme ceux d'un tigre ; il le voit tenant d'une main par les cheveux une femme à demi renversée, les vêtements en désordre, le sein entièrement découvert; le monstre de l'autre main agite un poignard dont il s'apprête à frapper sa victime.

— Arrête, marquis Du Lierre, dit-il d'une voix effrayante, arrête ou elle est morte !....

Charles, qui a reconnu dans cette infortune sa chère Virginie, reste saisi d'horreur et retient sa respiration.

— Ecoute, ajoute Menesson, empêche tes gens d'entrer, donne-moi ta parole d'honneur que tu ne me suivras pas. Je ne te demande qu'une heure pour fuir; à ces conditions elle vivra : tu l'immoles toi-même si tu me refuses.

Charles, qui reprenait un peu ses sens et qui avait déjà commandé aux siens de rester en dehors du ton d'un homme qui veut être obéi, allait lui répondre, quand le bruit des pas d'une personne qui marchait avec vitesse se fit entendre dans la pièce de derrière, à l'entrée de laquelle était ce tableau si déchirant pour le cœur du malheureux jeune homme. Une voix qu'il reconnut aussitôt pour celle d'Edouard s'écria, violente comme la tempête : — Scélérat !!

Et un coup de feu partit au même instant que cette exclamation; mais la balle n'atteignit pas son but ; elle fut s'aplatir sur le rocher auquel était adossé Menesson. Se voyant pris de tous les côtés, n'espérant plus pouvoir se sauver, ce tigre enfonce en riant son poignard jusqu'à la garde dans le sein de la malheureuse Virginie, qui pousse un cri déchirant ; puis se tournant du côté de son nouvel assaillant qui s'était avancé pour s'en emparer, il le saisit avec tant de violence et de promptitude qu'il le fait chanceler et même tomber un genou en terre ; la main armée du poignard encore tout fumant du sang de la sœur, il va percer le cœur du frère, quand Charles, qui a vu le danger de son ami, s'élance avec la promptitude de l'éclair sur le bras de l'assassin, le désarme et d'un de ses propres pistolets qu'il enlève à sa ceinture lui fait sauter la cervelle.

Au bruit qu'ils entendent dans la caverne, les cavaliers qui étaient restés à l'entrée d'après les instructions de Charles croyent cependant devoir les transgresser, ils entrent au moment où le vieux grenadier y pénétre aussi sur les pas d'Edouard qui n'avait pas voulu écouter ses observations; ils restent atterrés à la vue de l'affreux spectacle qui frappe leurs regards.

Mais à cette stupeur succède bientôt le besoin de secourir, s'il en est temps encore, la triste victime des fureurs de l'odieux Menesson. Charles, qui tient le corps inanimé, cherche à y rappeler la chaleur de la vie, car il vient de reconnaître qu'elle n'est pas entièrement éteinte chez elle. Le docteur Ballard, qui avait voulu faire partie de l'expédition en disant que son ministère n'y serait peut-être pas inutile, mit un premier appareil sur la blessure; puis aidé de Charles transporta la pauvre fille au grand air où elle reprit un peu ses sens.

On donna aussitôt ordre au domestique de partir au grand galop et de ramener une voiture avec des matelas, du linge et un brancard;

et Sennal, ayant réfléchi que le domestique pourrait fort bien par un rapport inexact et fait sans ménagements, causer de mortelles inquiétudes aux dames, n'hésita pas à partir avec lui. Charles, pendant tout le temps que dura cette absence, se tint constamment auprès de sa chère Virginie, soutenant sa tête sur sa poitrine, et cherchant dans ses traits à deviner ce qu'il avait à espérer ou à craindre. Les autres profitèrent de cela pour visiter la caverne et découvrirent la cause du désavantage qu'avait éprouvé Edouard dans sa lutte contre un adversaire que sans un accident hors de sa prévoyance il aurait si facilement immolé; c'était le corps d'un des brigands qui accompagnaient l'infâme Menesson, qui était étendu presque en travers du passage qui communiquait de la troisième pièce dans la seconde, et qu'il n'avait pu voir à cause de la grande obscurité qui régnait dans ce lieu ; c'était en heurtant contre ce corps qu'il était si malencontreusement **tombé devant** Menesson. Le bandit n'était pas encore mort, et lorsqu'on l'eut transporté au dehors, on reconnut en lui l'ancien domestique de Sennal... On lui prodigua toutes sortes de soins pour le rappeler à la vie ; on le fit non seulement parce que l'humanité l'exigeait, mais encore parce qu'on espéra en tirer quelques éclaircissements. Le capitaine Evrard fit ensuite jeter le corps de Menesson, dans le même coin de cette grotte où, vingt-cinq ans auparavant, il avait assassiné le comte de Dax, et on étendit à ses côtés le bandit que Charles avait tué en montant à l'assaut.

Enfin la voiture arriva et on

s'empressa d'adapter au brancard des branches formant le cerceau, afin de faire un abri à la blessée, qu'on y déposa le plus doucement possible; Charles resta près d'elle pour la soutenir. On emporta aussi le bandit qui n'était pas mort, et on plaça sur la voiture le corps de l'intendant du duc, de ce brave que les balles d'Austerlitz, de Friedland et d'Eyleau avaient épargné, mais qui était venu recevoir la mort de la main d'un brigand; le cortége prit au petit pas le chemin de la commune, et entra dans la cour du baron de Saint-Hilaire, où tout le monde attendait aux fenêtres avec la plus grande anxiété.

On plaça aussitôt dans un lit bien chaud et qu'on avait préparé à l'avance la pauvre Virginie, à laquelle, comme on doit le croire, les soins de toute espèce ne manquèrent pas : on eut la satisfaction quelques instans après de lui voir donner quelques signes de vie. Mais dans quelle triste position madame Evrard retrouvait sa fille! Quel coup terrible pour cette pauvre mère!... Cependant, depuis fort long-temps accoutumée à voir le sort épuiser sur elle ses traits les plus aigus, ce fut elle qui dans cette circonstance montra encore le plus de courage et de résignation. Elle prit le docteur à part et le pria de ne lui rien cacher de la position de Virginie; la réponse fut conforme à ses soupçons, à ses craintes : car M. Ballard, qui avait reconnu, lors de l'apposition de l'appareil, que la blessure était mortelle, lui dit que la seule chose qu'on pouvait espérer était de prolonger seulement de quelques jours son existence.

— Ah! docteur, reprit alors madame Evrard, faites au moins

en sorte que je puisse me faire reconnaître de cette chère fille et
qu'elle sache que sa mère recevra
son dernier soupir !..

Sennal n'eut pas de peine à reconnaître dans le bandit qu'on avait
apporté blessé son ancien valet de
chambre, ce digne domestique que
lui avait tant recommandé le faux
comte de Dax. Mais si cette reconnaissance lui causa tant de surprise,
madame Evrard en éprouva une
bien plus grande encore, quand at-
tirée vers lui par un mouvement de
curiosité elle le reconnut pour le
misérable complice de l'assassin de
son mari : — Dieu ! dit-elle, je ne
me trompe pas.... C'est François...
C'est le valet que ce scélérat de Menesson avait donné à mon mari lorsque nous quittâmes Paris, et c'est
encore ce même misérable qui der-
nièrement a voulu m'enlever de

l'hôtel de mon frère, dans la nuit qu'on y mit le feu...

François, car c'était en effet lui, détourna la tête à cette exclamation, et ferma les yeux. La blessure que lui avait faite Charles était mortelle; on n'avait pu extraire la balle qu'il avait reçue en se sauvant, et qui lui était entrée dans les reins. Le docteur Ballard pensait qu'il ne passerait pas la journée du lendemain. Le bon M. Pallu, le digne curé dont nous avons eu occasion de parler au commencement de cette histoire, et qui était toujours bien reçu dans la famille de Saint-Hilaire, voulut employer son ministère auprès du moribond et tâcher de reconcilier son âme avec Dieu, ou du moins la préparer à paraître devant ce juge indulgent, mais en même temps si redoutable pour le criminel qui n'a pas connu le repentir...... Sans doute que ses paroles produisirent un très grand effet sur ce misérable, car il demanda à voir madame la comtesse de Dax avant de mourir, et à faire publiquement la confession de la conduite qu'il avait menée toute sa vie. Ce fut M. le curé qui fut chargé d'obtenir cette faveur qu'il réclamait avec la plus grande instance, et comme Virginie allait un peu mieux, sa mère consentit à s'en séparer un instant, pour se rendre accompagnée de son frère et de son fils, de MM. Pallu, Sennal et Evrard, dans la chambre du moribond, où se trouvait le docteur Ballard, qui l'avait placé sur son lit de manière à ce qu'il pût faire, sans trop se fatiguer, les révélations qu'on attendait de lui.

— D'abord, madame, dit-il en s'adressant à madame Evrard, je commencerai par vous prier de

croire que je ne suis pas tout à fait
aussi coupable que les apparences
pourraient le faire croire ; je le
prouve en disant que si vous jouissez
aujourd'hui du bonheur de revoir
votre fils, c'est à moi que vous en
êtes redevable ; c'est sur quoi vous
me permettrez de vous donner quelques détails : je n'ai besoin pour
cela que d'être sûr de votre attention.

Entré fort jeune au service de
M. Menesson, ce fut en quelque
sorte lui qui me forma et qui dirigea
mes goûts comme il désirait me les
voir pour n'éprouver aucune con-
trariété de ma part dans les projets
à l'exécution desquels il avait sans
doute de longue main dessein de
m'associer. — François, me disait-
il souvent, une obéissance passive,
sans bornes, exempte de réflexions
à tous les ordres que je pourrai te

donner; trouver bien tout ce qu'il me plaira te faire faire, voilà ce que j'exige de toi, et tu n'auras pas à te repentir de s'être attaché à ma personne : l'argent ne te manquera pas.

Vous pensez bien qu'avec un mobile aussi puissant, auquel ne peuvent résister des personnes d'un âge mûr, un enfant, comme je l'étais alors, trouvant par là le moyen de satisfaire toutes ses fantaisies, se laissa facilement diriger selon le bon plaisir d'un tel maître; je suivis aveuglement la route qu'il me traça.

Quand la révolution éclata nous fîmes alternativement partie de trois bandes qui dévastaient les châteaux et les églises; mais désirant sans doute jouer un rôle sur un théâtre plus vaste, ou présumant qu'il y avait peut-être davantage à gagner, nous nous rendîmes à Paris, où le jeu eut bientôt épuisé notre coffre fort qui s'était si bien rempli par nos déprédations en province. Ce fut à cette époque que nous fûmes nous établir chez le comte de Dax, son frère de lait. Menesson parut alors préparer le projet dont l'exécution devait être si fatale à ses protecteurs.

Il me dit un jour qu'il était devenu passionnément amoureux de madame la comtesse et me communiqua les moyens qu'il comptait employer pour vous avoir en sa possession. Ce fut alors qu'il frappa M. le comte d'une crainte que les événements politiques tendaient à nourrir et à justifier, et qu'il l'amena à lui confier sa fortune, sa personne et sa famille.

Vous connaissez les déplorables scènes de la forêt de Fontainebleau, dans lesquelles je fus loin cependant de jouer le rôle qu'il m'avait tracé, puisque je laissai la vie à votre enfant et à sa nourrice qu'il m'avait bien recommandé d'assassiner.

Nous partîmes pour le Piémont : là, mon maître se présenta partout comme s'il eût été le comte de Dax, dont il avait enlevé les titres en même temps que la fortune. Son imposture restait d'autant plus ignorée qu'il ne fréquentait qu'une très mauvaise société, dans laquelle le comte de Dax n'avait jamais paru; et qu'au surplus sa ressemblance pouvait abuser même jusqu'à des personnes qui auraient connu le comte.

Entraîné par sa passion pour le jeu, il eut bientôt perdu une partie des sommes qu'il avait apportées.

Un soir surtout, qu'il avait joué plus malheureusement que de coutume et qu'il sortait furieux des pertes qu'il avait faites en jouant contre un seigneur florentin, il fut accosté par un des habitués de la maison où se tenait l'académie ; cet homme, après qu'il l'eût entendu se plaindre du sort, lui dit : « Savez-vous que le Florentin joue avec bien du bonheur ou plutôt avec bien de l'adresse, car il n'est pas possible qu'il n'ait pas quelques moyens secrets pour contraindre la fortune à lui rester si constamment favorable. Et ce qu'il y a de plus fâcheux, c'est que nous ne pouvons pas espérer de lui regagner ce qu'il nous emporte, à vous et à moi, puisqu'il part demain. Croyez-vous, dit-il, après un moment de silence, que quelqu'un qui emploierait la force pour lui arracher ce que l'adresse nous a enlevé, serait très coupable?

— Ma foi, non! répondit aussitôt mon maître, auquel cette idée souriait et qui n'en était pas à son coup d'essai...

— Eh bien, reprit son interlocuteur, je suis votre homme; je vais faire épier ses démarches. En attendant venez chez moi, et nous aviserons aux moyens de ne pas manquer notre coup..... Bref, le seigneur florentin fut dévalisé, et comme celui qui avait le premier suggéré cette idée à monsieur n'était autre que le chef d'une bande de voleurs qui se tenait cachée dans les montagnes, dans cette même caverne où vous fûtes arrêtée en vous sauvant avec ce jeune Français, il lui proposa de l'admettre dans sa troupe comme lieutenant, ce que mon maître accepta avec plaisir, parce que cela lui fournissait les moyens de réparer ses pertes.

Il paraît, à ce que j'ai pu saisir de leur entretien, que le chef était un jeune seigneur vénitien d'une très bonne famille, qui, forcé de s'expatrier après avoir dissipé sa fortune, était devenu le commandant de cette bande de voleurs. Il en voulait particulièrement aux femmes, desquelles il disait avoir eu beaucoup à se plaindre ; aussi était-il satisfait quand il lui arrivait d'en prendre, et pour se venger d'elles il les vendait à des corsaires de Tunis qui, les jetaient esclaves dans les sérails de la Turquie. Quant aux hommes, il se contentait, après les avoir dépouillés, de les faire lier fortement et de les placer, ainsi garottés, sur une route ; car il ne voulait pas qu'on répandît le sang à moins qu'il ne s'y trouvât tout à fait forcé pour la sûreté de ses gens.

Après qu'on vous eût embarquée, madame, sur le corsaire, que nous sûmes quelque temps après avoir péri ainsi que tout l'équipage, nous nous fixâmes définitivement parmi ces bandits, et nous y restâmes jusqu'au moment où les Français s'emparèrent du pays. A cette époque le chef périt avec une grande partie de la troupe, dans une sortie qu'il eut l'audace d'effectuer en attaquant un convoi militaire qu'il savait être chargé de fortes sommes ; M. Menesson abandonna la caverne, où il ne se trouvait plus d'ailleurs qu'à la tête de six hommes. Il en emmena quatre avec lui et s'associa avec un capitaine de pirates dont il était connu par de précédentes relations pour le compte de la compagnie. Avec une partie de l'or que contenait

la caisse on fit acquisition d'un bâtiment plus fort, et nous devînmes
corsaires sous le commandement
du capitaine qui nous avait reçus à son bord. M. Menesson, pour
pouvoir jouir des mêmes privi-
léges que ceux auxquels il s'était
associé, abjura sa religion et embrassa celle de Mahomet. Nous vé-
cûmes ainsi plusieurs années.

Il avait placé mademoiselle Virginie à Naples, dans une pension où
il la faisait passer pour sa fille. Enfin,
las de courir les mers et d'ailleurs
possesseur de sommes énormes, il
se retira des affaires pour se rap-
procher de la France, où il parvint à rentrer à la suite des émi-
grés qui suivirent Louis XVIII : il y
rentra sous le nom de comte de
Dax.

Il semblait réellement que la fortune se plût à le favoriser, car il

obtint les faveurs de la cour pour lui en particulier, et sut placer très avantageusement ses quatre complices dans l'administration de la police; ils se trouvaient par là à portée de l'instruire de tout ce qui pourrait intéresser sa sûreté personnelle. C'est ainsi qu'il apprit tout ce qui vous concernait; j'eus à essuyer de violents reproches de sa part pour avoir laissé vivre votre fils; mais il fut obligé de se modérer, dans la crainte de se voir trahi par moi et livré à la justice.

Il parvint à se lier avec le baron Sennal; son projet était de s'attacher à sa famille par une alliance qui consacrerait son usurpation. Croyant madame la comtesse morte à bord du pirate, il ne prévoyait pas d'obstacle à l'exécution de ses desseins, lorsque votre arrivée inattendue vint renverser l'édifice de ses espérances.

Il prit alors une résolution extrême ; ce fut de vous enlever avec votre fils et de vous assassiner même si cela devenait nécessaire ; il mit à cet effet ses hommes en campagne et fit ses dispositions pour passer à l'étranger sous un faux nom.

Ce furent les dernières paroles que prononça ce malheureux, dont les forces étaient entièrement épuisées : deux heures après il n'était plus.

Ces derniers événements vinrent de nouveau jeter la consternation chez les paisibles habitants de la maison de Saint-Hilaire. Tout le monde était empressé auprès de la pauvre Virginie, qui vivait toujours, mais sur le sort de laquelle on tremblait continuellement. Semblable à la plante dont un ver rongeur a attaqué la principale racine et dont les feuilles chaque jour se fanent, se détachent de leur tige, le principe de la vie s'affaiblissait, s'éteignait graduellement chez cette charmante fille. Selon le docteur, elle devait finir sans souffrances et s'endormir de l'éternel sommeil; mais aussi comme une lampe qui, tirant à sa fin, semble par instants se ranimer et dont la clarté rapide et trompeuse fait espérer qu'elle peut durer encore, de même Virginie avait des moments où sa position ne paraissait pas aussi désespérée, et l'on croyait la voir revenir à la vie. Charles, qui ne la quittait jamais, saisissait ces instants avec joie, mais il ne tardait pas à retomber de nouveau dans les craintes et le désespoir.

Ce fut un de ces moments de mieux qu'il choisit pour lui apprendre que le monstre qui l'avait frappée n'était pas son père et que sa mère vivait encore. Il la prépara par degrés à la voir, en lui annonçant que maintenant elle se trouvait entourée de toute sa famille, qu'Edouard était son frère, et la jeune personne qui la veillait, sa sœur (car il est bon de dire que la belle Atala n'avait pas voulu quitter le lit de la malade depuis son arrivée, et qu'elle était aux petits soins près d'elle.

Cette communication parut lui faire infiniment de plaisir et surtout beaucoup de bien, car le mieux se soutint plus long-temps ce jour-là; elle fit signe à Atala de s'approcher et de l'embrasser, puis demanda si elle ne pouvait pas voir sa mère. Alors madame Evrard parut, fondant en larmes, et couvrit sa fille de baisers. Ses yeux dans cet instant brillèrent de l'éclat de la plus vive satisfaction; elle tendit la main à Edouard, et, regardant le duc qui s'était aussi approché, elle lui adressa le plus doux sourire....

—Il est donc vrai, dit-elle, qu'il est mon frère?... Je l'avais toujours aimé comme tel, et quelque chose semblait me dire que nous n'étions pas étrangers l'un à l'autre ... Mais que je suis contente, ajouta-t-elle après un instant de silence, pendant lequel son oncle lui confirma tout ce que Charles lui avait dit; que je suis heureuse de ne pas être la fille de ce méchant homme! car je ne l'ai jamais aimé comme on doit aimer un père; je m'accusais souvent devant Dieu de ce que je regardais comme un très grand péché; je le priais de changer mes sentiments à son égard; mais c'était bien inutilement: le ciel restait sourd à mes prières.

Sa mère, dans cet endroit, l'interrompit, et la pria de ne plus parler, dans la crainte de trop se fatiguer pour cette fois ; tout le monde fut dans l'enchantement le reste de cette journée, parce que Virginie n'éprouva aucune de ces faiblesses qui faisaient si justement trembler pour ses jours. Le mieux se soutint jusqu'à la nuit, et elle parut s'endormir d'un sommeil paisible : on espéra.

Madame Evrard elle-même partageait l'ivresse générale, et, malgré tout ce que lui avait dit le docteur, elle aimait à se persuader qu'il pouvait s'être trompé et qu'enfin le ciel écouterait favorablement les prières qu'elle ne cessait de lui adresser pour qu'il lui conservât une fille aussi chère.

Mais que les jours qui suivirent ce jour d'espoir furent différents !

Les forces de Virginie diminuaient à chaque instant. Charles et Atala étaient toujours à ses côtés, et toutes les fois que son abattement cessait, qu'elle pouvait ouvrir les yeux, elle les voyait épiant avec anxiété ses moindres mouvements; aussi s'efforçait-elle dans ces instants de leur sourire pour les remercier de leurs attentions.

Enfin, le neuvième jour au matin, sentant sans doute sa fin approcher, elle demanda à M. Ballard s'il ne lui serait pas possible de lui donner une potion qui pût assez ranimer ses forces pour lui permettre de faire une communication intéressante à sa famille. Elle ne lui cacha pas qu'elle connaissait mieux que personne sa position et qu'elle n'avait plus que très peu d'instants à rester sur la terre. Le docteur se rendit à ses désirs et trouva le moyen de la mettre en état de faire connaître ses dernières intentions, en suspendant pour quelques instants la faulx de la mort prête à la frapper.

Après s'être fait placer commodément pour parler, elle pria tout le monde d'approcher, fit mettre à ses côtés Charles et Atala, et, après avoir recommandé qu'on lui prêtât la plus grande attention, elle s'exprima en ces termes d'une voix distincte quoique émue :

— Il ne faut pas plus long-temps vous abuser sur ma position ; je sais que je n'ai que bien peu d'instants à rester parmi vous, et c'est au moment où tout se préparait à me faire chérir davantage la vie qu'il faut, hélas ! la perdre et me séparer pour toujours d'êtres qui me l'auraient rendue si précieuse. Cependant, ajouta-t-elle avec un soupir, je dois encore mille actions de grâces au souverain maître de nos destinées, pour avoir au moins permis que je mourusse entourée de mes parents, de mes amis. Puis regardant son amant dont tous les traits étaient décomposés par la douleur : Maintenant c'est à vous, Charles, continua-t-elle, que je veux adresser une dernière prière... Vous m'aimez, je le sais, et vous n'ignorez pas que je vous aimais aussi... Nous devions être unis... Je devais être votre épouse, permettez-moi donc d'en agir avec vous comme si je l'étais réellement, et de faire valoir les droits que je puis avoir sur vous. Promettez-moi de suivre ponctuellement ce que je vais vous dire, ou plutôt jurez-moi d'exécuter fidèlement les ordres que je crois devoir vous donner à mon lit de mort. Faites bien attention, que c'est en présence de votre père, de ma mère, d'amis sincères et véritables, que vous allez vous engager, et surtout devant l'Etre suprême que j'invoque en ce moment, et qui n'aime pas les parjures.

— Chère amante! s'écria le malheureux jeune homme suffoqué par la douleur, dis ce que tu exiges de moi, et sois bien persuadée que le moindre de tes désirs me paraîtra toujours trop sacré, pour que je ne fasse pas tout pour te satisfaire; je jure, chère Virginie, de suivre ponctuellement tout ce que tu pourras vouloir m'ordonner.

— Bien, dit-elle, et ses yeux se ranimèrent en ce moment; je te remercie Charles, et je n'en attendais pas moins de toi; embrasse-moi, mon ami, et maintenant écoute moi sans m'interrompre... Je te défends, après que je ne serai plus, de te laisser abattre par une trop grande douleur: je veux que tu vives, et, puisque tu n'as pu être mon époux, que tu deviennes celui d'Atala; prends-la pour la compagne de ta vie..... Elle t'aime, je m'en suis aperçue... Oui, ajouta-t-elle en regardant sa sœur, que ce témoignage d'amitié rendit un peu confuse; oui, tu l'aimes, ma chère Atala; je n'ai pas eu de peine à le reconnaître : on voit clair au bord de la tombe! Epouse-le, je le désire; je ne te recommande que de faire son bonheur, je suis convaincue qu'il fera le tien : c'est le plus beau legs que je puisse te faire...

Dans ce moment elle éprouva une faiblesse qui força de la changer de position. Tout le monde attendait avec anxiété qu'elle revînt à elle, espérant qu'elle pourrait encore parler ; mais elle ne prononça plus que ce peu de mots : « Ma mère... mes amis... adieu. » Et son ame quittant son enveloppe terrestre s'envola vers la céleste voûte, où ses vertus, ses heureuses qualités lui assuraient une place dans le séjour des bien-heureux. . . . .

. . . .

Quoiqu'on fût depuis long-temps préparé à cette cruelle séparation, ce fut un coup terrible pour les parents et les amis de cette infortunée. Leurs chagrins s'augmentèrent encore par la triste position dans laquelle se trouvait Charles, qu'on avait été forcé d'emporter sans connaissance d'auprès du lit de son amante. La fièvre s'étant déclarée avec les symptômes les plus alarmants, on avait tremblé pour ses jours; elle le tint pendant près de six semaines aux portes du tombeau.

D'un autre côté, Edouard ne donnait pas de moindres inquiétudes ; frappé comme il l'avait été par la perte de sa sœur, tremblant maintenant pour les jours de son ami, il dépérissait à vue d'œil et n'était plus en quelque sorte que l'ombre de lui-même. Toujours au chevet du lit de Charles, et plongé dans les plus tristes pensées, il semblait ne plus s'occuper des choses de ce monde ; c'était à peine si on pouvait le faire consentir à prendre un peu de nourriture. Caroline était au désespoir, parce que ses caresses ne pouvaient l'arracher à ses rêveries ; il paraissait même quelquefois ne pas la reconnaître.

Pendant tout le temps que dura la maladie de Charles, Atala ne quitta pas sa chambre et lui prodigua tous les soins imaginables : ce fut en vain qu'on la supplia à plusieurs reprises de ménager sa santé, elle ne voulut rien entendre : elle répondait dans ces moments que sa sœur lui avait recommandé d'en avoir soin, de veiller avec attention sur lui et qu'elle suivrait ponctuellement ses derniers ordres.

Cependant la nature, après avoir long-temps lutté contre la maladie, la nature secondée par la force et le tempérament du jeune homme, le ramena peu à peu à la vie et à la santé. Ce fut avec la plus vive reconnaissance qu'il apprit toutes les marques d'attachement que lui avait données Atala pendant sa maladie ; il voulut l'en récompenser en n'acceptant que son bras pour se promener pendant tout le temps que dura sa convalescence.

Enfin, après neuf mois donnés aux regrets que commandait le souvenir de Virginie, Charles finit par

s'avouer à lui-même que les sentiments d'Atala voulaient autre chose
que de la reconnaissance; il demanda
donc sa main à monsieur et madame
Evrard, qui s'estimèrent heureux de
la lui accorder.

Son mariage et celui d'Edouard
se firent le même jour. Les deux
familles se réunirent dans le même
domicile, tantôt à la ville, tantôt à
la campagne.

Le capitaine Evrard, fidèle à son caractère d'indépendance, résista bra-
vement à toutes les instances du duc
de P..., qui voulait lui faire accepter
des fonctions dans le gouvernement;
cependant il ne put échapper au choix
que firent de lui les électeurs de son
département pour les représenter à
la chambre.

Si vous allez un jour à Fontainebleau ou dans les environs de cette
ville, ami lecteur, vous pourrez vous

IV.

assurer que ces deux aimables familles y vivent dans la plus charmante union, heureux du souvenir
des périlleuses épreuves auxquelles
le sort avait mis leur courage.

Edouard et Charles, tout occupés
de l'éducation de leurs enfants,
s'appliquent surtout à leur persuader qu'ils ne doivent chercher qu'à
s'élever par les forces de leur propre
mérite.

— Car, après tout, leur disent-
ils, ce n'en est pas un de devoir le
jour à *deux aides-de-camp d'un maréchal d'empire.*

FIN DU QUATRIÈME ET DERNIER VOLUME.